CATALOGUE

DES LIVRES DE FONDS,

DES ÉDITIONS STÉRÉOTYPES,

ET D'UNE PARTIE

DES LIVRES D'ASSORTIMENT

QUI SE TROUVENT

CHEZ ANT. AUG. RENOUARD,

LIBRAIRE A PARIS, RUE SAINT–ANDRÉ–DES–ARCS, N° 55.

A PARIS,

CHEZ ANT. AUG. RENOUARD.

M. DCCCVI.

CATALOGUE
DES LIVRES

QUI SE TROUVENT

CHEZ ANT.-AUG. RENOUARD, LIBRAIRE,

RUE SAINT-ANDRÉ-DES-ARCS, N° 55.

THÉOLOGIE.

1 Novum J. C. Testamentum, græcè. *Parisiis, R. Stephanus*, 1546,
     2 vol. in-12, v. br. l. r.   15 f.   c.
2 Idem, græcè, *ibid.* 1550, in-fol. m. r.   20
3 Idem, græcè, *ibid. Typis regiis*, 1642, in-fol. ch. magna, v. br.   15
4 Biblia sacra latina, cum notis Vatabli. *Ibid.* 1729, 2 vol. in-fol.   24
5 Novum J. C. Testamentum. *Parisiis, Barbou*, 1767, in-24.   1
6 Les quatre Évangélistes, en latin et en françois, avec 84 fig. d'après
     Moreau jeune. *Paris*, 1793, 4 vol. in-8. pap. vél. fig. avant la lett. 140
7 — Les mêmes, 4 vol. in-4, pap. vél. fig. avant la lettre.   240
8 Concordantiæ Bibliorum hebraicæ. *Basileæ, Froben*, 1591, in-fol.
     v. br.   15
9 L'Ange conducteur dans la dévotion chrétienne, petit in-12, gros ca-
     ractere; relié.   2
10 Dictionnaire de l'Écriture sainte. *Paris*, 1804, in-8.   7   50
11 Dictionnaire de Théologie, par Bergier, 1789, 8 v. in-8.   36
12 Concilium Tridentinum, cum notis et dissertationibus Jud. Le Plat.
     Antuerpiæ, 1779, ch. magna, cartonné.   16
13 Gregorii Nazanzeni opera, gr. lat. *Parisiis*, 1615, 2 vol. in-fol. v. br. 20
14 C. C. Cypriani opera. *Parisiis*, 1726, in-fol. ch. magna.   30
15 Les Provinciales, par B. Pascal, en quatre langues. *Cologne*, 1684,
     in-8, v.   20
16 Les Provinciales, par B. Pascal. *Paris*, 1803, 2 vol. in-18,
     pap. fin, br.   2   70
     — in-18, pap. vélin, portrait par Saint-Aubin, br.   6   40
     — in-12, pap. fin, portrait, br.   6   40
     — in-12, pap. vélin, portrait, br.   9   40
17 Pensées de Pascal, nouvelle édition faite sur ses manuscrits, avec
     une table analytique très ample, et des notes. *Paris*, 1803,
     2 vol. in-18, br.   3
     — in-18, pap. vélin, portrait, br.   7   50
     — in-12, pap. fin, portrait, br.   7   50
     — in-12, pap. vélin, portrait, br.   10
18 Riflessioni del P. Nicole, sopra i principali punti della religione. *To-
     rino*, 1769, 2 parties, in-12.   2   50
19 Catechismus Concilii Tridentini. *Romæ, P. Manutius*, 1566, in-fol. 27
20 Catéchisme historique de Fleury, ou Abrégé de l'Histoire sainte.
     Paris, 1803, 2 vol. in-12, avec 34 gravures, br.   3   75
21 — Le même, sans gravures, in-12, br.   1   80

22 Origenis Homiliæ. *Venetiis, Aldus*, 1503, in-fol. rel. à dos de maroq. r. bel ex. réglé, et avec les initiales en couleurs.   48 f.   c.

23 Sermons du P. La Rue. *Nismes*, 1782, 4 vol. in-12.   8

24 Petit Carême de Massillon. *Paris*, 1802, in-18, pap. fin, br.   1   35
    in-12, pap. vél. portrait, br.   5

25 Le Chemin du salut, ou Recueil de prieres et maximes chrétiennes, en vers et en prose, 1801, in-12, br.   2   50

26 Recueil philosophique, ou Mélanges de pieces sur la religion et la morale, par Dumarsais, Vauvenargues, Freret, Meister, etc. 1770, 2 vol. petit in-8.   4   50

27 Lettres philosophiques de Toland. 1768, petit in-8.   2

28 Le Pyrrhonisme de l'Eglise romaine. 1757, petit in-8.   2

29 Discours sur les miracles de Jésus-Christ, trad. de l'anglois de Voolston. 1768, 2 vol. petit in-8.   4

30 J. Brunus Redivivus, ou Traité des erreurs populaires; 2 volumes petit in-8.   4

31 Boullanger, Le Christianisme dévoilé. 1756, in-8.   3

32 — Le même. 1767, petit in-8.   2

JURISPRUDENCE.

33 Constitution des principaux Etats de l'Europe, par de La Croix. *Paris*, 1793, 6 vol. in-8.   27

33* Du Droit public de l'Europe, par Mably. *Paris*, 3 vol. in-12, br.   5

34 Manuel Républicain, avec des instructions sur les nouveaux poids et mesures. *Paris*, an 7, in-18, br.   70

35 Instruction de Catherine II, à la commission chargée de dresser le projet d'un nouveau code de lois. *Amsterd.* 1771, in-12.   2

36 Droit maritime de l'Europe, par Azuni. *Paris*, 1805, 2 vol. in-8, br.   12
    Le même, deux vol. in-8, pap. vél. br.   24

SCIENCES ET ARTS.

37 Le premier Alcibiade, dialogue de Platon, trad. par Le Fevre, avec des notes. *Amst.* 1766, petit in-8.   3

38 Aristotelis opera, g. lat. cum notis. *Biponti*, 1791, tomes 1 à 5, in-8, br.   40

39 Jamblichus de mysteriis AEgyptiorum, etc. Proclus, Porphyrius, latine. *Venetiis, Aldus*, 1497, in-fol.   15

40 Idem. *Venetiis, Aldus*, 1516, in-fol.   20

41 Plutarchus de sera numinis vindicta, gr. lat. ed. Wyttenbach. *Lugd. Bat.* 1772, in-8, br.   6

42 Xenophontis Memorabilia, gr. lat. *Ultrajecti*, 1797, in-12, pap. de Holl. br.   7   50

43 Epicteti Enchiridion, græcè. *Parmæ, Bodoni*, 1793, pet. in-8.   7   50

44 Manuel d'Épictete, et Tableau de Cebès, trad. par Camus. *Paris*, 1799, 2 vol. in-18, pap. fin de Holl. br.   2   50
    — pap. vélin,   3

45 Caracteres de Théophraste, trad. par Coray, avec le texte grec revu sur un manuscrit du Vatican. *Paris*, 1799, in-8, br.   6

46 Pensées de Marc-Aurele, trad. du grec, par de Joly, avec des notes. *Paris*, 1803, in-18, pap. fin, br.   1   80
    — in-18, pap. vélin, portrait de Marc-Aurele, br.   3   75
    — in-12, pap. vélin, portr., br.   5   25
    Il reste quelques exemplaires en grand pap. vélin de la premiere édition, 15 fr.

47 De la Sagesse, par P. Charron. *Dijon, Frantin*, 1801, 4 vol. in-12, pap. vélin, portrait de l'auteur, br.   16

La même, pap. de Holl. superfin, dont il n'a été tiré que
    quelques exemplaires.   3o f.   c.

Cette édition est la seule complete, en ce qu'elle présente le texte augmenté et refondu par Charron, pour son édition de 1604, avec les variantes de l'édition de Bordeaux, 1601, et d'importantes corrections, d'après des notes manuscrites authentiques, de la main de La Rochemaillet, ami de Charron, et éditeur de son ouvrage.

48 Maximes et Pensées morales de divers peuples. 1785, in-18.   1   5o

49 Maximes de La Rochefoucauld. *Paris, imprimerie royale*, 1778, in-8, br. portrait. Édition devenue très rare.   24

5o Caracteres de La Bruyere et de Théophraste. Stéréotype d'Herhan. *Paris*, 1802, 3 vol. in-18, br.   3   3o
    — in-12, pap. fin, avec portrait, br.   7
    — in-12, pap. vél. portr. br.   13
    — sans le portrait, 1 f. de moins.

51 Duclos, Considérations sur les mœurs. 1769, in-8.   2   5o

52 Principes de morale, par Mably. *Paris*, 1784, in-12, br.   2

53 Entretiens de Phocion, par Mably, avec une notice sur sa vie et ses ouvrages. *Paris*, 1804, pap. fin, br.   1   35
    — in-18, pap. vél. avec le portr. de Mably, br.   3   75
    — in-12, pap. fin, *idem*, br.   3   75
    — in-12, pap. vél. *idem*, br.   5

53* Principes philosophiques, par Weiss. 1806, 2 vol. in-8.   8

54 Oberman, Lettres publiées par Senancour. *Paris*, 1804, 2 vol. in-8.   10

55 Études sur l'homme, par H. Meister. *Paris*, 1804, in-8, br.   4   5o
    — idem, pap. vélin, br.   9

56 Discours sur la vertu, par Stanislas Boufflers. *Paris*, 1800, in-8, br.   1   25

57 L'Emulation est-elle un bon moyen d'éducation, mémoire par L. Feuillet, couronné par l'Institut. *Paris*, 1801, in-8.   1   8o

58 Essai sur l'Emulation, par Raymond. *Geneve*, 1802, in-8.   3

59 Essai sur l'art d'être heureux, par J. Droz. *Paris*, 1806, in-18, br.   1   8o
    — in-12, pap. vélin, br.   6

6o Des anciens gouvernemens fédératifs, et de la législation de Crete (par de Sainte-Croix). *Paris*, an 7, in-8.   5

61 Considérations sur le gouvernement ancien et présent de la France, par le marquis d'Argenson. *Amst. M. Mich. Rey*, 1764, in-8.   4

62 Politique de tous les cabinets de l'Europe, par Ségur ; troisieme édit. *Paris*, 1803, 3 vol. in-8.   12

63 De l'Esclavage en général, et particulièrement de l'esclavage des Negres. *Paris*, 1803, 2 vol. in-8.   6

64 Smith Wealth of nations. *Basil.* 1801, 4 vol. in-8, pap. fin, br.   28

65 Traité de la circulation et du crédit, et ce qu'on appelle commerce, ou jeu d'actions, etc. *Amst.* 1771, in-8.   4

66 De la Richesse commerciale, par J. C. L. Simonde. *Geneve*, 1803, 2 vol. in-8.   8

67 Tableau du commerce de la Grece, de 1787 à 1797, par Félix Beaujour. *Paris*, 1800, 2 vol. in-8.   6
    — Le même, pap. vélin.   15

68 Lettres originales de commerce, par le professeur Busch. *La Haye*, 1801, in-12, br.   3   75

69 Opérations des changes, par Ruelle. *Lyon*, an 7, in-8, br.   6

7o Sennebier, de l'Art d'observer et de faire les expériences ; deuxieme édition. *Geneve*, 1802, 3 vol. in-8, br.   12

71 Plinii naturalis Historia, cum notis Harduini et variorum, ed. Franzio. *Lipsiæ*, 1788, 10 vol. in-8.   72

72 Spectacle de la nature, par Pluche. *Amsterd.* 1743, 8 vol. in-12, fig.   27

73 Collection des figures de la premiere édition in-4 de Buffon, toutes d'épreuves choisies avant le tirage, par Deseve, qui en a fait les dessins.

74 Autre suite des mêmes gravures, aussi belles, mais manquant de quelques pieces.

75 Description élémentaire des minéraux, par le prince de Gallitziu. *Paris*, 1801, in-4, br.   6 f.   c.

76 Exposition des acides, alkalis, terres, et métaux, de leurs combinaisons et affinités, etc. trad. de l'allemand de Trommsdorff, par Leschevin. *Dijon*, 1802, in-fol.   5
    Dite, pap. fort.   7

77 Scriptores omnes veteres rei rusticæ, ed. Schneider. *Lipsiæ*, 1784, 6 vol. in-8, pap. fort, br.   66

78 De l'Agriculture des anciens, trad. de l'anglois de Dickson. *Paris*, 1802, 2 vol. in-8, br.   10

79 L'Agronome, ou Dictionnaire du cultivateur, nouvelle édition augmentée. 1799, 2 vol. in-8.   7   50

80 Petite Maison rustique, ou Cours théorique et pratique d'agriculture, d'économie rurale et domestique; seconde édit. beaucoup augmentée, avec fig. *Paris*, 1805, 2 vol. in-8, br.   15

81 Arithmétique politique, ou de l'utilité des grandes fermes, trad. de l'anglois. *La Haye*, 1775, 2 vol. iu-8.   7

82 Lasteyrie, Traité des constructions rurales. *Paris*, 1802, in-8, avec atlas.   12

83 Essay on modern Gardening, by H. Walpole, avec la trad. frauç. par le duc de Nivernois. *Strawberry-Hill*. 1783, in-4, pap. de Holl. br. *très rare*.   15

84 Dioscorides, græcè. *Venetiis*, *Aldus*, 1518, in-4.   30

85 Tournefort, Eléments de botanique, augm. par Joly-Clerc. *Lyon*, 1797, 6 vol. in-8, avec 489 fig. br.   72

86 Car. Linnæi Systema naturæ. *Lugduni*, 10 vol. in-8, fig. br.   70

87 — Systema plantarum. *Ibid.* 3 vol. in-8, fig. br.   21

88 — Entomologia. *Ibid.* 4 vol. in-8, fig. br.   33

89 Histoire naturelle des végétaux, par Lamarck. *Paris*, 1800, 15 vol. in-18, pap. fin, fig. coloriées, cart.   72

90 Gessneri tabulæ phytographicæ. *Turici*, 1795, 12 fascicules in-fol. pap. vélin, fig.   96

91 Collection de plantes et arbustes, avec un abrégé de leur culture. *Zurich, Orell*, 1776, in-4, pap. vél. fig. color.   54

92 Choix de plantes d'Europe. *Leipsic*, 1801, 5 vol. in-4, avec 125 fig. color.   125

93 Flora Helvetica, cura J. R. Suter. *Turici*, 1802, 2 vol. in-12.   8

94 Ortega, Corso di botanica. *Parmæ, Bodoni*, 1788, in-8.   9

95 Michaux, Flora Boreali-Americana. *Parisiis*, 1803, 2 vol. in-4, pap. vélin, fig. cart.   60

96 — La même, 2 vol. in-8, fig.   27

97 Histoire naturelle des Roses. *Leipsic*, 1802 et suiv. in-4, pap. vél. fig. color. 10 livraisons : il y en aura 20. Chacune   8

98 Plantes grasses, dessinées par Redouté, décrites par Decandolle. *Paris*, an 9, in-4, pap. vélin. Chaque livraison de 6 planches parfaitement bien coloriées, avec le texte.   12

99 — Les mêmes, in-fol.   30
    Il en paroît 29 ; l'ouvrage en aura 40.

100 Monographie des Astragales, par Decandolle. *Paris*, 1802, in-fol. cart.   60

101 — La même, grand in-fol. pap. vélin, cart.   125

102 Histoire naturelle des Carex, avec 54 fig. coloriées. 1802, in-4. 42 f.   c.

103 Icones et Descriptiones fungorum minus cognitorum, auctore
    C. Persoon. *Lipsiæ*, 1801, 2 cahiers in-4, fig. color.   26

104 Ménagerie du muséum national d'histoire naturelle, par Lacépede,
    Cuvier, et Geoffroy, avec fig. peintes d'après nature, gr. in-fol.
    pap. vélin, fig. color. premiere à quatrieme livraison, chacune   30

105 — La même, avec les fig. en noir, premiere à douzieme livraison,
    chacune   12

106 — La même ; en 2 vol. in-12 avec 41 grav. br.   12

107 Essai sur les haras, ou moyens de les établir et de les faire prospérer.
    Turin, 1769, grand in-4, fig.   12

108 Histoire naturelle des Oiseaux de Paradis, des Rolliers, et des Pro-
    merops, suivie de celle des Toucans et des Barbus, par F. Le Vail-
    lant, 2 vol. in-fol. pap. vélin, 114 estampes color.   900

109 — La même, très grand in-fol. pap. vél. fig. noires et en couleurs,
    avant la lettre.   1800

110 Histoire naturelle des Perroquets, par F. Le Vaillant, avec grav. en
    couleur, d'après les dessins de Barraband, 2 vol. in-fol. pap.
    vélin. L'un des dix exemp. imprimés sur très grand papier, avec les
    fig. avant la lettre, rel. à dos de mar. r. non rogné.   1600

111 Manuel pour élever les abeilles, par Lombard, troisieme édition
    beaucoup corrigée. *Paris*, 1805, in-8, fig. br.   2

112 État des connoissances sur les abeilles au dix-neuvieme siecle, par
    Lombard. *Paris*, 1805, in-8, br.   1

113 Entomologie Helvétique, par Schellenberg. *Zurich*, 1798, in-8,
    pap. de Holl. fig. color. cart.   20
      La même, en pap. vélin, cart.   27

114 Schellenberg, des mouches dipteres ; faisant suite au volume précé-
    dent. *Zurich*, 1803, in-8, pap. de Holl. fig. color.   20
      Dites, en pap. vél. cart.   27

115 Schellenberg, Cimices Helvetiæ. *Turici*, 1800, in-8, pap. vélin,
    fig. color. cart.   11

116 Xaveri Poli Testacea utriusque Siciliæ. *Parmæ, Bodoni*, 1792,
    in-fol. maximo, fig. — Chaque volume   120
    Bel ouvrage, dont il paroît déja deux volumes. Il a le mérite tout particulier de faire
    connoître les coquillages, sur-tout par rapport à la conformation intérieure des ani-
    maux qui les habitent.

117 Storia naturale e fisica di Spagna, di G. Bowles. *Parma, Bodoni*,
    1783, 2 vol. in-8, pap. fin, br.   14

118 Description physique de la Tauride, relativement aux trois regues
    de la nature. *Paris*, 1802, in-8, br.   3   60

119 Julius Obsequens, de Prodigiis, cum notis varr. *Lugd. Bat.*
    1720, in-8, br.   7

120 Hippocrate, des airs, des eaux, des lieux, trad. en fr. par Coray,
    avec le texte grec. *Paris*, 1800, in 8, br.   15

121 Wecker, de secretis. *Basileæ*, 1750, in-8, pap. fin, br.   6

122 Manuel de l'officier de santé, par J. J. Martin. *Paris*, 1801,
    3 vol. grand in-8.   13   50

122* La Médecine du voyageur, par Duplanil. 1801, 3 vol. in-8.   12

123 Alex. Monroi, Icones et descriptiones Bursarum mucosarum cor-
    poris humani. *Lipsiæ*, 1797, in-fol. belles grav.   40

124 Essai de Physiognomonie, par Lavater. *La Haye*, 1786, 4 vol.
    in-4, avec quantité de figures.   370
    Exemplaires très beaux et du premier tirage de l'édition originale. Satinés et cartonnés
    avec soin, ils coûtent 30 fr. de plus.
      — Le tome 4 séparément.   60

125 Regles physiognomoniques, par Lavater. 1803, in-4, fig. cart.   15 f.   c.
Excellent abrégé de toute la doctrine de cet homme extraordinaire, et fait par lui-
même. Il paroît pour la premiere fois.

125* OEuvres physiologiques, anatomiques, etc. de Pierre Camper.
Paris, 1803, 4 vol. in-8 et un bel atlas.   30

126 Pluralité des Mondes, par Fontenelle. *Dijon, P. Causse*, pet. in-8,
pap. vél. portrait par Saint-Aubin.   6

127 Cours de Mathématiques à l'usage de la marine, par Bezout, 6 vol.
gr. in-8, br. *Chaque traité se vend séparément.*   27

128 Storia critica dell'Algebra, da P. Cossali. *Parma, Bodoni*, 1797,
2 vol. in 4, cart.   45

129 Description des travaux hydrauliques de Louis Alex. de Cessart.
Paris, 1806, 2 vol. in-4, avec 67 gr. planches, br. en cart.   72
— Sur pap. vélin.   144
Après la publication du second volume, l'ouvrage entier sera de 80 fr.

130 Projet d'une nouvelle machine hydraulique pour remplacer l'ancienne machine de Marly, par J. Baader. *Paris*, 1806, gr. in-4
fig. br.   4   50
Le même, papier vélin, br.   10

131 Histoire de la musique, par C. Kalckbrenner. *Paris*, 1802, 2 vol.
in-8, fig.   6

132 Esprit de l'Encyclopédie. *Paris*, 1798, 12 vol. in-8.   48

133 Dictionnaire universel des arts et métiers; nouvelle édit. augmentée.
Lyon, 1801, 9 vol. in-8.   25

134 Tableaux du théâtre de l'univers, en cinq langues, cahier in-8,
oblong, avec 6 belles gravures en couleurs.   4
Les mêmes, en papier vélin.   8

135 Épreuve du plus petit des Alphabets, par L. Luce. *Paris, imprim.
royale*, 1740, in-24, br.   4

136 De l'Allégorie, par Winckelmann et autres. *Paris*, 2 vol. in-8.   10

137 Du Laocoon, ou des limites respectives de la poésie et de la pein-
ture, trad. de Lessing, par Vanderbourg. *Paris*, 1802, avec le
grouppe du Laocoon, très bien gravé par Saint-Aubin : in-8, br.   5
Le même livre, pap. vél.   10
L'estampe séparément, 1 fr. 25 cent.   Avant la lettre.   2   50
On se tromperoit étrangement si l'on croyoit cet excellent ouvrage une simple disser-
tation sur le grouppe du Laocoon. L'auteur a pris ce chef-d'œuvre de l'ancienne sculp-
ture comme une espece de texte qui lui donne l'occasion de présenter les idées et
les pensées les plus ingénieuses sur les descriptions poétiques et sur les descriptions
pittoresques. L'artiste, le littérateur, et l'homme du monde ne peuvent que gagner à la
lecture de ce livre plein de goût, et tout-à-fait dégagé du lourd appareil d'éru-
dition qui gâte les meilleurs ouvrages en ce genre.

138 Galerie du Musée Napoléon, gravée de format in-8, par les meilleurs artistes. Il en paroît 46 livraisons de six estampes, avec le
texte explicatif. Chacune   8

139 — Dite, sur pap. vélin.   12

140 — Dite, in-4, pap. vélin, avant la lettre.   24

141 Galeries des antiques du Musée Napoléon, en 95 fig. avec leurs
explications, gr. in-8, cart.   11
— En pap. vélin, cart.   15

142 Principes de Caricatures, trad. et augmentés de Grose, avec 29
planches. *Paris*, 1802, in-8, gr. pap. vél. cart.   11

143 Manuel des curieux et des amateurs de l'art, ou Notice des principaux graveurs, avec un catalogue raisonné de leurs ouvrages,
par Huber et Rost. *Zurich*, 1797-1805; 8 vol. in-8, br.   32

144 Catalogue raisonné de la collection de tableaux du marquis Tacoli
Canacci, à Florence. *Parme, Bodoni*, 1796, in-4.   9

145 Vies et OEuvres des grands peintres, gravés au trait avec la plus

grande précision. *Paris*, 1803-1806, 4 vol. in-4, cart. chacun de 72 planches. 100 f.   c.

Les deux premiers contiennent l'œuvre du Dominiquin, et les deux autres l'œuvre de
Raphaël. La suite paroîtra incessamment.

    Les mêmes, grand in-4, pap. vél. avant la lettre, cart. 150
    Les mêmes, in-fol. pap. vélin, cart. 200

146 Vie de Nic. Poussin, avec un choix de ses principaux ouvrages,
    gravés par Massard, pere, et par ses enfants. *Paris*, 1806,
    gr. in-8, fig. cart. 30
    La même, en pap. vélin. 45

147 Annales du Musée et de l'école moderne des beaux-arts : Recueil
    de gravures au trait d'après les principaux ouvrages de peinture,
    de sculpture, etc. 12 vol. in-8, br. chacun avec 72 gravures.
    Chaque vol. 15
    — En pap. vélin. Chacun 25

148 Memorie degli architetti antichi e moderni, da Fr. Milizia.
    Parma, Bodoni, 1781, 2 vol. in-8, gr. pap. 18

149 Dessins de la belle architecture, exécutés en 115 planches très
    bien gravées, avec leurs explications, par Stieglitz. *Paris*,
    1801, gr. in-fol. pap. vél. cart. 108

150 Plans, coupes, élévations des plus belles maisons et des hôtels
    construits à Paris et dans les environs, publiés par Krafft, archi-
    tecte, et Ransonnette, graveur, avec l'explication en françois,
    allemand, et anglois, in-fol. 120 grav. 120

151 Descriptions pittoresques de jardins modernes. 1805, in-4, avec
    28 grav. cart. 18

152 Manuel d'équitation, par Gratian Merlet. *Paris*, 1804, in-18, br. 1 80

153 Polyaeni Strategemata, gr. lat. cum notis Maasvicii. *Lugd. Bat.*
    in-8, br. 18

154 Essai sur les montres à répétition. *Geneve*, 1804, in-8, br. 3

155 L'Art de tricoter. *Leipsic*, 1802, gr. in-fol. oblong, fig. color. 40

BELLES-LETTRES.

156 Cours d'études de Condillac. (*Parme, Bodoni*, 1778 ;) *Deux-*
    Ponts, 1782, 13 vol. gr. in-8, pap. fin. 96

Les bons appréciateurs connoissent la supériorité de cette édition originale et non
mutilée, sur toutes les réimpressions suivantes, dont quelques unes, plus completes
en apparence, ne présentent pas toujours la véritable pensée de l'auteur, et sont
d'une incorrection rebutante.

157 Gaultier, Cours de jeux instructifs pour apprendre les éléments
    des sciences par le moyen de plusieurs jeux. 13 vol. in-18, cart. 19 50
    Chaque partie de ce cours se vend séparément ainsi qu'il suit :
    1 Lectures graduées pour le premier âge, 2 vol. 3
    2 — pour le second âge, 3 vol. 4 50
    3 Leçons de grammaire en action, 3 vol. 4 50
    4 Leçons de grammaire, 1 vol. 1 50
    5 Leçons de géographie, septieme édit. (1806), 1 vol. 1 50
    6 Méthode latine, 2 vol. 3
    7 Méthode pour analyser la pensée, avec des exemples en
      françois, latin, italien, et anglois, 1806, 1 vol. 1 50
    8 Cahier pour faciliter la construction, in-fol. 1 50
    9 Atlas de ce Cours. Premiere partie : Cartes et étiquettes
      géographiques. 5
    10 Seconde partie, contenant les tableaux de grammaire, les
      feuilles d'analyse, et les étiquettes grammaticales. 4

11 Etiquettes pour la géographie , collées sur trois cents boules renfermées dans deux petits sacs.   9 f. 75 c.

12 Étiquettes grammaticales, sur cent boules, avec un sac.   3 25

13 Les mêmes étiquettes de géographie et de grammaire , collées sur de petits cartons, dans deux étuis, avec deux sacs.   3 50

158 Abrégé d'un cours complet de léxicographie et de lexicologie, par Butet. *Paris*, 1801, 2 vol. in-8.   8

159 Ammonius de differentiis vocabulorum, gr. lat. c. notis Walkenaer. 1739, in-4, cart.   16

160 Mœridis Atticistæ Lexicon Atticum, gr. lat. ed. Pierson. *Lugd. Bat.* 1759, in-8, br.   9

161 Didymi Taurinensis (Th. Valpergæ a Calusio), litteraturæ Copticæ rudimentum. *Parmæ, Bodoni,* 1783, in-4.   5

162 Méthode latine, à l'usage des lycées, par Gueroult, stéréotype. *Paris,* 1806, in-12, rel. en parch.   1 50

163 F. Pomey, Flos latinitatis ex auctorum latinæ linguæ principum monumentis excerptus. 1699, in-12.   1 25

Livre très utile , et qu'on ne sauroit trop recommander aux étudiants.

164 Alphabet nouveau , et méthode nouvelle de lecture. *Beauvais,* 1804, 2 brochures et tableaux.   1 50

165 Grammaire générale et raisonnée de Port-Royal, édition donnée par Petitot. *Paris,* 1803, in-8.   5

166 Sicard, Eléments de grammaire générale ; deuxieme édition. *Paris,* 1801, 2 vol. in-8.   12

167 Dictionnaire portatif des regles de la langue françoise. *Paris,* 1770, 2 vol. petit in-8.   7

168 Dictionnaire de l'Académie françoise , cinquieme édition. *Paris,* Bossange, 2 vol. in-4.   30

   Le même, 2 vol. in-fol. pap. vél. cart.   300

169 Scopa, traité de la prononciation italienne. *Paris,* 1803, in-8, br.   3 75

170 Dictionnaire italien de Cormon. *Lyon,* 1802, 2 vol. in-8, br.   16

171 Grammaire espagnole de Cormon. *Lyon,* 1804, in-8, br.   5

172 Dictionnaire espagnol de Cormon. *Lyon,* 1803, 2 vol. in-8, br.   16

173 Restaut, Traité, ou Vocabulaire de l'orthographe françoise, revu par Roger. *Paris,* an 7, 2 vol. in-8.   9

174 Nouvelle Grammaire angloise, par Robinet et Haynin. *Amsterd.* 1794, in-12.   2 25

175 Grammaire angloise de W. Cobbett, troisieme édition. *Paris,* 1803, in-8, br.   5

176 Fr. A Mesgnien Meninski Lexicon Arabico-Persico-Turcicum, secundis curis recognitum et auctum à Bernardo de Jenisch. *Viennæ,* 1780, 4 vol. in-fol.   350

177 Longinus de Sublimitate, gr. lat. *Parmæ, Bodoni,* 1793, in-fol. cartonné.   84

   Le même. *Parmæ, Bodoni,* 1793, in-4, cart.   45

178 Des Tropes, par Dumarsais. *Paris,* 1801, in-12, br.   2 50

179 Synonymes françois de Girard, Beauzée, et Roubaud. *Paris,* 1806, 2 vol. in-12, br.   6

180 Reflexions sur la rhétorique, l'éloquence, et la poésie, par Fénélon , Ducerceau, et l'abbé Genet. *Amst. Fréd. Bernard,* 1730, 2 vol. in-12.   5

181 Lezioni di Retorica e Belle lettere , di Ugone Blair , tradotte e comentate da Fr. Soave. *Parma, Bodoni,* 1801, 3 vol. grand in-8, papier fin.   24

182 Essai sur l'Art oratoire, par J. Droz. *Paris*, 1800, in-8, br.   2 f. 50 c.
183 Ciceronis Orationes, Epistolæ, de Officiis, etc. cum notis vario-
       rum. *Lugd. Bat.* 1684-93-95-1710, 11 vol. in-8, v. br.
   Exemplaire d'une beauté parfaite, dont chaque volume porte la signature de Davisius,
      l'un des plus habiles éditeurs des ouvrages philosophiques de Cicéron.
184 — De Officiis, etc. cum notis varr. *Lugd. Bat.* 1688, in-8, vél.   21
285 — De Officiis, etc. *Parisiis*, 1796, in-4, pap. vélin, avec le por-
       trait par Saint-Aubin.   42
   Belle édition, tirée à 163 exemp. numérotés.
186 — Lælius, Cato major, Paradoxa, etc. *Parisiis*, 1796, 2 vol.
       in-18, pap. vél. portr. par Saint-Aubin.   6
       — Les mêmes, papier fin de Hollande.   12
       — Les mêmes, gr. pap. vélin.   15
187 Plinii Panegyricus. *Parisiis*, 1796, in-18, pap. vél. br.   3
       — Le même, pap. fin de Hollande.   6
       — Le même, sur pap. vél. rose.   12
188 Oraisons funebres de Bossuet, avec Notices sur les personnages.
       Paris, 1802, 2 vol. in-18, br.   2   50
       in-12, pap. fin, portrait, br.   6   40
       in-12, pap. vélin, portrait, br.   10
189 Oraisons funebres de Fléchier, avec Notices. *Paris*, 1802, 2 vol.
       in-18, pap. fin, br.   2   50
       in-18, pap. vélin, portrait, br.   6   40
       in-12, pap. fin, portrait, br.   6   40
       in-12, pap. vélin, portrait, br.   10
190 Oraisons funebres choisies de Bourdaloue, Mascaron, La Rue,
       et Massillon, avec Notices. *Paris*, 1802, in-18, br.   1   50
       in-18, pap. vélin, portrait de Bourdaloue, br.   3   75
       in-12, pap. fin, portrait, br.   3   75
       in-12, pap. vélin, portrait, br.   5
   Ces 5 volumes font, avec le Petit Carême de Massillon, la Collection du choix d'ora-
      teurs sacrés du siecle de Louis XIV.
191 Éloges académiques, par B. Barrere. *Paris*, 1806, in-8, br.   5
       Les mêmes, en pap. vél.   10

POETES GRECS.

192 Anthologia Græca, ab Hug. Grotio latino carmine reddita, gr.
       lat. *Ultrajecti*, 1791, 4 vol. in-4, pap. de Holl.   108
       La même, 4 vol. in-4, gr. pap. de Holl.   216
       La même, 4 vol. in-fol. pap. de Holl.   400
   Il n'a été tiré que quelques exemplaires du format in-fol. Le quatrieme vol. paroîtra
   sous peu.
193 Homeri Ilias, gr. lat. cum notis Heynii. *Lipsiæ*, 1804, 8 vol.
       in-8, pap. fort, fig. br.   132
194 — La même, gr. pap. de Hollande.   200
195 Homeri Ilias, gr. lat. cum notis Heynii. *Lipsiæ*, 1804, 2 vol. in-8,
       pap. fort.   27
196 — La même, gr. pap. de Hollande.   66
197 Homeri Ilias, græcè, ed. Wolfio. *Lipsiæ*, 1804, 2 vol. in-8, pap.
       velin, avec 37 belles gravures, br. en cart.   48
198 TRENTE-QUATRE gravures au trait, d'après Flaxmann, pour l'Iliade,
       gr. in-8, pap. vél.   15
199 Hesiodus, gr. lat. *Parmæ, Bodoni*, 1785, in-4, ch. magna.   33
200 Hesiodus, gr. lat. et italice. *Ibid*, 1798, in-4.   33
201 Anacreontis Odaria, græcè, cum commentario. *Parmæ, Bodoni*,
       1785, in-4, pap. fin. *Edit. en lettres capitales.*   30

202 Anacreontis Odaria. *Ibid*, 1791. — J. C. Amadutii Epistola in Ana-
    creontem, *ibid*, 1791, petit in-8, 2 vol. *en lettres capitales.* 32 f. c.
203 Odi di Anacreonte. *Parma, Bodoni*, 1793, petit in-8.   6
204 Tyrtæi Fragmenta, gr. ed. Klotzio. *Altenburgi*, 1767, in-8,
    pap. fin.   9
205 Tirteo, trad. in versi italiani da Luigi Lamberti, col testo greco.
    Parigi, 1801, in-8, br.   1 50
    — En papier vélin.   3
206 Theocriti, Moschi, Bionis, Simmii opera, gr. lat. ital. *Parmæ,*
    Bodoni, 1780, 2 vol. in-4, gr. pap.   60
207 — Eadem, græcè, et latino carmine reddita. *Ibid*, 1792, 2 vol. in-8. 24
208 Callimachus, græcè. *Parmæ, Bodoni*, 1792, in-fol.   24
    Chef-d'œuvre de typographie, en lettres capitales.
209 Callimaco, greco-ital. *Ibid*, 1792, gr. in-fol. *aussi en capitales.* 120
210 — Le même, en lettres cursives ou ordinaires. *Ibid*, 1792,
    gr. in-fol.   96
211 — Le même, avec de jolies vignettes en arabesques, gr. in-fol. 120
212 Sophoclis tragœdiæ, gr. lat. ed. Brunck. *Argentorati*, 1786, 2
    vol. gr. in-4.   75

POETES LATINS.

213 Carmina ethica, ex multis auctoribus collegit Ant. Aug. Re-
    nouard. *Parisiis*, 1795, in-12, pap. vél.   6
    Les mêmes, en gr. pap. vélin.   10
214 Poetæ latini minores, ed. J. G. Wernsdorff. *Altenburg*, 1782-92,
    6 tomes en 10 vol. in-8.   60
215 — Les mêmes, en pap. fin, *rares sur ce papier.*   132
216 Catullus, Tibullus, et Propertius. *Parmæ, Bodoni*, 1794, in-fol. 150
217 Virgilius. *Edinburgi*, 1755, 2 vol. in-8, ch. magna, veau à
    compart; superbe exempl. d'une édit. très rare, sur-tout en gr. pap. 72
218 — Edente Brunck. *Argentorati*, in-4, pap. vél.   40
219 Virgilius, cum notis C. G. Heyne, editio novis curis emendata et
    aucta. *Lipsiæ*, 1800, 6 vol. in-8, pap. fort, avec 204 grav.   130
219* Virgilius. *Londini, Dulau*, 1800, 2 vol. in-8, pap. vélin, fig. de
    Bartolozzi.   36
220 — Quinze figures pour Virgile, gravées par Bartolozzi et autres,
        gr. in-8, premieres épreuves ayant la lettre au simple trait,
        sur papier vélin, in-4.   25
221 — Deux cent quatre figures pour Virgile, de la derniere édition
        du Virgile de Heyne, tirées sur papier blanc.   96
222 Virgilius. *Paris, Didot aîné*, an 8, in-12, pap. vélin; exempl.
    du premier tirage, avec deux belles gravures.   12
223 Virgilius, avec des notes, à l'usage des lycées et écoles secondaires;
    stéréotype d'Herhan. 1806, in-18, pap. fin, br.   1 35
    in-12, pap. fin br.   3
    in-12, pap. vél. br.   6
224 Examen des Eglogues de Virgile, par Genisset. *Paris, Didot*
    aîné, 1804, in-8, br.   3
225 Portrait de Virgile, par Saint-Aubin, et très joli paysage d'après
    Moreau jeune, pour orner l'une ou l'autre des éditions stéréot.
    ou toute autre édition in-18, in-12 et in-8.   2
    — avant la lettre.   4
226 Horatius. *Parisiis, typis regiis*, 1733, avec le portrait par Saint-
    Aubin. — *Phædrus, ibid*, 1729, ch. magna, 2 vol. in-18.   12
227 Horatius, edente Oberlin. *Argentorati*, 1788, in-4, pap. vél.   32

228 Horatius. *Parmæ*, *Bodoni*, 1791, in-fol.

229 — cum notis C. G. Mitscherlich. *Lipsiæ*, 1800, 2 vol. in-8, pap.
    vél. fig.

230 — cum notis J. Bond. *Parisiis*, 1806, grand in-8.   12 f.   c.
    — Le même, en grand pap. vélin.   24

231 Horatius, avec des notes, à l'usage des lycées et des écoles secon-
    daires, stéréotype d'Herhan. 1806, in-18, pap. fin, br.   1   35
        in-12, pap. fin, br.   3
        in-12, pap. vél. br.   6

232 — Portrait d'Horace par Saint-Aubin, pour les deux éditions
        stéréotypes, ou toute autre de ce format.   1
    — avant la lettre.   2

233 OEuvres d'Horace, trad. en vers françois par P. Daru. *Paris*,
    1805, 4 vol. in-8, brochés.   15
    Les mêmes, 4 vol., pap. vélin, cartonnés.   30

234 Ovidii Tristium libri, ed. Oberlin. *Argentorati*, 1778, in-8,
    pap. fin, br.   4   50

235 Phædri Fabulæ et P. Syri Sententiæ. *Parisiis*, *Didot*, an 7,
    in-18, pap. vélin, br.   1   60
        in-12, pap. vélin, br.   2   65

236 Phædri Fabulæ, cum notis gallicis, stéréotype d'Herhan. 1806,
    in-18, rel. en parch.   75

237 Fables de Phedre, en françois, avec le texte latin, et 110 jolies
    grav. *Paris, Didot aîné*, 1806, 2 vol. in-18, pap. fin.   20
    — pap. vélin.   30
    — pap. vélin, fig. avant la lettre.   40

238 Lucani Pharsalia, ed. Ant. Aug. Renouard. *Parisiis, Didot natu
    major*, 1795, in-fol., pap. vél.   72

239 — Le même, gr. in-fol. dont il n'a été tiré que 15 exempl.
    lesquels sont numérotés de 1 à 15.

240 — Le même, sur pap. bleu, tiré à 3 exempl. Un seul reste.   80

241 — Le même, gr. in-fol. imprimé sur vélin.

242 Lucani editionum ac versionum Elenchus. *Ibid*, 1795, in-fol.
    pap. vél.   10

243 Juvenalis Satyræ, cum notis G. A. Ruperti. *Lipsiæ*, 1801, 2 vol.
    in-8, pap. fin, br.   25

244 Claudianus, cum notis P. Burmanni. *Amstelod.* 1760, 2 tomes
    en 1 vol. in-4, cart.   36

245 Prudentius, cum notis. *Parmæ, Bodoni*, 1788, 2 vol. in-4,
    papier fin.   40

246 Terentius, ed. Rich. F. P. Brunck. *Basileæ*, 1797, in-4, pap. vél. sat.   40
    Mes exempl. sont formés de feuilles choisies sur un grand nombre.

POETES LATINS MODERNES.

247 J. Cottæ Carmina. *Bassani*, 1801, in-4, pap. fin, br.   4

248 Jani Pannonii Carmina. *Ultrajecti*, 1784, 2 vol. in-8, pap. fin.   12

249 — Les mêmes, gr. pap. de Holl.   18

250 Jacobi Balde Carmina, cum notis J. C. Orellii. *Turici*, 1805,
    in-8, br.   9

251 — Les mêmes, pap. vélin, br.   16

252 Nic. Borbonii Ferraria et Nugæ aliquot venustiores. *Lutetiæ*,
    1796, petit in-8.   2

253 — Les mêmes, pap. vélin.   3

254 Hymni sacri et novi. *Parisiis*, 1784, in-12.   1   50

255 J. Vanierii Prædium rusticum. *Lugduni*, 1750, in-8, fig.   3   75

256 J. Audoeni Epigrammata, ed. Ant. Aug. Renouard. *Parisiis*,
    1794, 2 vol. in-12, pap. vélin, br.   12 f. e.
257 — Les mêmes, en gr. pap. vélin, br.   20
258 Britannia, Lathmon, Villa Bromhamensis, poemata R. Trevors.
    Parmæ, *Bodoni*, 1792, in-fol.   150
259 — Le même livre, en pap. vélin, in-fol.   200

POETES FRANÇOIS.

260 Choix d'anciens fabliaux, mis en vers par Imbert. *Paris, Prault,*
    1788, 2 vol. in-12, pap. fin, v. fauve.   10 50
261 Recueil de contes des meilleurs auteurs. *Paris*, 1778, 4 vol. in-18.
    Jolies vignettes à chaque conte ; belles épreuves.   36
262 Poésies de Clotilde de Surville, publiées par Vanderbourg. *Paris,*
    1804, in-18, br.   2 50
263 — in-12, pap. vél. br.   5
264 — Les mêmes, in-8, pap. fin, avec les fig. et la musique.   6
265 Le Troubadour, ou Poésies Occitanniques, recueillies par Fabre
    d'Olivet. *Paris*, 1804, 2 vol. in-8.   7 50
266 L'Enfer de la mere Cardine, avec sa Déploration et Complainte.
    Paris, Didot aîné, gr. in-8, pap. vél.   15
267 Fables de La Fontaine. *Dijon, P. Causse*, 1795, 2 vol. in-8, pap.
    fin d'Anonnay, avec portr.   6
    Les mêmes, sur pap. vél.   9
268 — Les mêmes, avec 276 fig. par Coiny. *Paris, Crapelet*, 4 vol.
    in-8, pap. vél. fig. de bonnes épreuves.   100
279 — Les mêmes, stéréotype de Didot, 2 vol. in-18, pap. vélin,
    avec le portrait.   7
270 — Les mêmes, stéréotype d'Herhan. 1 vol. in-18, pap. fin, br.   1 35
    — in-18, pap. vél. avec portrait.   3
    — in-12, papier fin, br.   3
    — in-12, pap. vél. br.   6
    et avec le portrait, 1 fr. de plus.
271   Contes de La Fontaine, 1 vol. in-18 et in-12.
272   Amours de Cupidon et de Psyché, 1 vol. in-18 et in-12.
273   OEuvres diverses de La Fontaine, 1 vol. in-18 et in-12.
274   Théâtre du même, 1 vol. in-18 et in-12.
    Chacun de ces 4 volumes, stéréotype d'Herhan, est au même prix que les Fables. Les
    cinq réunis forment la seule édition complete qui jusqu'alors ait été donnée des OEu-
    vres de La Fontaine.
275 NEUF Gravures d'après Moreau jeune, pour l'édition de Psyché
    ci-dessus indiquée, ou toute autre, in-18 et in-12.   4 50
276 Les 5 volumes avec le portrait par Saint-Aubin et les 9 Gravures
    pour Psyché, in-12, pap. fin, br.   20 50
    Les mêmes, en pap. vél.   35 50
277 OEuvres de Boileau, stéréotype de Didot, an 3, 2 vol. in-18,
    pap. vél. avec le portr. de Boileau   7 20
    in-12, pap. vél. portr.   10 40
378 Poésies de Boileau, stéréotype d'Herhan. *Paris*, 1805, in-18,
    pap. fin, br.   1 35
    in-12, pap. fin, br.   3
    in-12, pap. vél. br.   6
    et avec le portrait, 1 fr. de plus.
279 OEuvres de madame et mademoiselle Deshoulieres, stéréotype
    d'Herhan. 1803, 2 vol. in-18, pap. fin, br.   2 20
    in-12, pap. fin, br. avec le portr.   5

in-12, pap. vél. br. avec le portr. 9 fr. c.
    sans le portr. 1 fr. de moins.

280 Poésies de Chaulieu et de La Fare, stéréotype d'Herhan. 1803,
    in-18, pap. fin, br. 1 10
      in-12, pap. fin, br. avec le portrait. 3
      ·in-12, pap. vél. br. avec le portr. 5
      sans le portr. 1 fr. de moins.

280* OEuvres completes de J. B. Rousseau. 1771, 2 vol. in-12. 3 60

281 Poésies choisies de J. B. Rousseau, stéréotype d'Herhan, avec
    quelques notes, à l'usage des lycées et des maisons d'éducation.
    1805, in-18, pap. fin, br. 1 60
      in-12, pap. fin, br. avec le portrait. 4
      in-12, pap. vélin, br. avec le portr. 7
      sans le portr. 1 fr. de moins.

282 Les mêmes, édition plus ample, mais sans notes; stéréotype de
    Didot, an 7, 2 vol. in-18, pap. vél. portr. par Saint-Aubin. 7 20
      in-12, pap. vél. portr. 10 40

283 Poésies choisies de J. B. Rousseau. *Paris, Didot aîné*, 1790,
    in-4, pap. vél. cart. 48

284 Les Philippiques, par La Grange - Chancel, avec notes. *Paris,
    Didot jeune*, in-12, pap. vél. br. 6

285 OEuvres de Grécourt. 1802, 8 vol. in-18, br. 8

286 OEuvres de Bernard, stéréotype d'Herhan. *Paris*, 1803, in-18,
    pap. fin, br. 1 10
      in-12, pap. fin, br. 2
      in-12, pap. vélin, br. 4

287 Poésies de Gresset, avec la comédie du Méchant, stéréotype
    d'Herhan. 1802, in-18, pap. fin, br. 1 35
      in-12, pap. fin, br. 3
      in-12, pap. vél. br. 6

288 OEuvres de Gresset. *Paris, Didot aîné*, 1804, 3 vol. in-18, avec
    7 gravures. 7 50

289 — Les mêmes, 3 vol. in-18, pap. vélin, fig. br. 12

290 — Les mêmes, 3 vol. in-12, grand pap. vélin, fig. br. 18

291 — Sept Gravures d'après Moreau jeune, pour Gresset. 3 60

292 La Henriade de Voltaire, avec les notes et les variantes, stéréot.
    d'Herhan. *Paris*, 1805, in-18, pap. fin, br. 1 60
      in-8, pap. fin. 4
      in-8, pap. vél. 6 50

293 Onze Gravures nouvelles de Moreau jeune, qui peuvent être
    jointes à la Henriade in-8 : à raison de 1 f. 25 c. chacune. 13 75

294 La Pucelle, par Voltaire. *Kehl*, 1789, 2 vol. in-8, pap. vél. avec
    les 23 nouvelles grav. de Moreau jeune. 40

295 Hymne au Soleil, par Reyrac. *Paris, Imp. royale*, 1783, in-8. 6
    La même, in-8, pap. vélin. 12
    Curieux essai typographique de feu Anisson Duperron. Il n'en reste plus que deux en
    papier vélin.

296 OEuvres de Gilbert. *Paris*, 1806, 2 vol. in-18, pap. fin, br. 2 25
    Les mêmes, 2 vol. in-18, pap. vél. br. 4

297 OEuvres de Bertin. *Paris*, 1806, 2 vol. in-18, pap. fin, br. 2 25
    Les mêmes, 2 vol. in-18, pap. vél. br. 4

298 Chefs-d'œuvre de Colardeau. *Paris*, 1806, 2 vol. in-18, br. 2 25
    Les mêmes, 2 vol. in-18, pap. fin. 3 60
    Les mêmes, 2 vol. in-18, pap. vél. br. 4 50

299 OEuvres completes de Colardeau, 4 vol. in-18, papier vél. br. 8

300 Idylles et Romances de Berquin. *Paris*, 1803, in-18, avec 40
    belles grav. br.   7 f. 50 c.
       Les mêmes, avec une seule gravure, in-18, br.   1   50
       Les mêmes, in-12, gr. pap. vél. et les gravures, br.   12   50
301 OEuvres du cardinal de Bernis, stéréot. d'Herhan. *Paris*, 1803,
    2 vol. in-18, pap. fin, br.   2   20
       in-12, pap. fin, br. avec le portrait.   5
       in-12, pap. vél. br. avec le portrait.   9
       et sans le portrait, 1 fr. de moins.
302 Fables de Florian. *Paris*, 1806, 2 vol. in-4, avec 102 grav. br.   8
       Les mêmes, en pap. vél.   18
303 La Religion vengée, poëme, par le cardinal de Bernis. *Parme*,
    Bodoni, 1795, pet. in-8, portrait par Saint-Aubin, br.   6
304 — Le même livre. *Parme*, *Bodoni*, 1795, in-fol. papier vélin.   80
305 L'Homme des Champs, par Delille. *Paris*, 1805, in-8, pap.
    vélin, avec 13 belles grav. cart.   25
       Le même, fig. avant la lettre.   30
306 Contes et poésies fugitives d'Andrieux. *Paris*, 1800, in-8, br.   2
307 La conquête de Naples par Charles VII, poëme, par Paul Gudin.
    Paris, 1801, 3 vol. in-8.   12
308 Le Mérite des femmes, et autres poésies de Legouvé. *Paris*, 1804,
    in-18, pap. fin, fig. d'après Guérin, br.   2
309 — in-12, papier vélin, avec 2 grav. d'après Guérin et Moreau
    jeune, br.   5   25
       Les mêmes, avec les fig. avant la lettre.   7   50
310 Poesie di Legouvé, trad. in versi italiani da L. Balochi. *Parigi*,
    1802, in-18, pap. vélin, br.   2   50
       in-12, pap. vélin, avec les deux gravures.   4
311 Homere et Alexandre, poëmes, par L. Le Mercier. *Paris*, 1801,
    in-8, fig. br.   2   50
       Les mêmes, in-8, pap. vél. br.   5
312 Les trois Fanatiques, par le même. *Paris*, 1801, in-12, br.   1   20
313 Un de mes Songes — Ismaël au désert, par le même. 1802, in-12.   80
314 L'Homme renouvelé, par le même. *Paris*, 1804, in-12, br.   1   80
       Le même, in-12, pap. vél.   3   60
315 De la Littérature françoise, poëme, par Krane, avec notes très
    curieuses. *Leyde*, 1804, in-8, br.   3   60
316 Recueil de Romances historiques. *Paris*, 1805, in-12, br.   2
317 La Bataille d'Austerlitz, poëme, par Ch. Millevoie. *Paris*, 1806,
    in-12, pap. vél.   1
318 Les Plaisirs du Poëte, et autres poésies, par le même, in-18.   1   50
319 L'Amour maternel, poëme, par le même, in-12.   1   80
320 L'Indépendance de l'Homme de lettres, par le même, in-8.   75
       Le même ouvrage, in-4.   1
321 Discours philosophiques en vers, tirés des livres saints, avec des
    odes chrétiennes. *Paris*, *Saillant*, 1772, in-12.   2

POETES DRAMATIQUES FRANÇOIS.

322 Bibliotheque du Théâtre françois, depuis son origine (attribuée au
    duc de La Valliere.) 1768, 3 vol. in-8.   10   50
323 Nouveau Théâtre françois, ou Recueil des meilleures pieces de
    théâtre. *Utrecht*, 1748, 12 vol. petit in-12. Jolie édition.   24
324 Chefs-d'œuvre de P. et Th. Corneille, stéréotype d'Herhan.
    Paris, 1804, 5 vol. in-18, br.   6   75

in-12, pap. fin, br., avec les portraits de P. et Th. Corneille. 14 f. 50 c.

in-12, pap. vél. br., avec les 2 portraits. 27

et 2 fr. de moins, sans les portr.

325 — Les mêmes, avec les Commentaires de Voltaire, stéréotype d'Herhan. *Paris*, 1805, 5 vol. in-18, pap. fin, br. 9 25

in-12, pap. fin, br. avec les 2 portr. 19 50

in-12, pap. vél. br. avec les 2 portr. 37

deux francs de moins, si l'on n'ajoute pas les 2 portraits.

326 OEuvres de Jean Racine, édition stéréotype, 5 vol. in-18, pap. fin, br. 6 75

in-18, pap. vélin, br. avec le portrait. 16 75

in-12, pap. fin, br. avec le portrait. 11 75

in-12, pap. vélin, br. avec le portrait. 24

et sans le portr. 1 fr. de moins.

327 OEuvres de J. Racine, avec les variantes et les passages des anciens poëtes grecs et latins par lui imités; stéréotype d'Herhan. *Paris*, 1806, 5 vol. in-8, papier fin.

Les mêmes, en papier vélin.

328 TREIZE Gravures in-8, d'après Moreau jeune, pour les OEuvres de Racine. 18

— avant la lettre. 36

Ces gravures conviennent soit au Racine stéréotype in-8, qui est sous presse, et paroîtra le premier janvier 1807, soit à toute autre édition de ce format. Elles vont même très bien dans l'un ou l'autre Racine stéréotype in-12. Il en a été tiré quelques unes sur pap. de Chine avant la lettre, pour insérer dans les Racine déja reliés; et seulement 6 avant la lettre, et 10 avec lettre des premières épreuves sur papier gr. in-4, pour le Racine de Didot, in-4.

329 OEuvres de Moliere, stéréotype d'Herhan. *Paris*, 1805, 6 vol. in-18, pap fin, br. 9 60

in-12, pap. fin, avec le portrait, br. 19

in-12, pap. vél. avec le portr. br. 37

et sans le portr. 1 fr. de moins.

330 — Les mêmes OEuvres de Moliere, stéréotype de Didot, 8 vol. in-18, pap. vél. veau doré. 36

Les mêmes, 8 vol. in-12, pap. vélin, veau doré. 56

331 Etudes sur Moliere, par Cailhava. *Paris*, 1802, in-8. 3 60

332 OEuvres de Crébillon, stéréotype d'Herhan. *Paris*, 1802, 3 vol. in-18, pap. fin, br. 3 30

in-12, pap. fin, avec le portrait, br. 7

in-12, pap. vél., avec le portr., br. 13

et sans le portr. 1 fr. de moins.

333 Théâtre de Voltaire, stéréotype de Didot. 12 vol. in-18, pap. vélin, veau doré. 57

Le même, 12 vol. in-12, pap. vél., veau doré. 84

334 La Mort de Henri IV, tragédie, par Legouvé. *Paris*, 1806, in-8, avec un beau portrait de Henri IV, br. 2

— sur papier vélin. 5

La même, sur grand pap. vélin fort. 7 50

335 OEuvres anonymes (de madame de Montesson). *Paris*, *Didot aîné*, 1782, 6 vol. in-8, gr. pap. d'Anonnai, maroq. cit., tabis, dentelles. 72

POETES ITALIENS.

336 Rapport entre la poésie italienne et la poésie françoise, par Scopa, deuxieme édit. *Paris*, 1803, in-8, br. 5

337 La Divina Commedia di Dante. *Parma*, *Bodoni*, 1796, 3 volumes in-folio. 150

338 La Divina Commedia di Dante, con illustrazioni. *Pisa*, 1804, 3 vol. in-fol. avec deux très beaux portr. par Morghen. *Tiré à* 230 *ex.* 180 f.

339 Rime di Fr. Petrarca. *Pisa*, 1805, 2 vol. in-fol. avec un très beau portr. de Pétrarque, gr. par Morghen. *Au même nombre.* 120

Très belles éditions, tirées à 230 exempl. Elles seront suivies de la Gerusalemme Liberata, 2 vol. Orlando Furioso, quatre vol., chacune avec le portr. de l'auteur, pareillement gravé par Morghen. Avec le Dante ci-dessus annoncé, ces éditions formeront la collection des grands poëtes épiques de la langue italienne. Chaque exemplaire est numéroté.

340 Il Filostrato, poema di G. Boccaccio. *Parigi, Didot aîné*, 1789, in-8.   3

341 Le Stanze di Angelo Poliziano. *Parma, Bodoni*, 1792, in-4.   16

342 La Gerusalemme Liberata di T. Tasso. *Parigi, Didot aîné*, 2 vol. in-4, pap. vél. cart. 41 fig. de Cochin.   90

343 Orlando Furioso di L. Ariosto. *Parigi, Molini*, 1778, 5 vol. in-4, pap. de Holl. avec le portr. par Ficquet, avant la lettre.   84

344 Portrait d'Arioste, par Ficquet, avant la lettre, sur pap. in-4.   6

345 Rime e Prose di Tommaso Crudeli. 1805, in-12, avec portr. br.   4   50

346 Versi per la Coronazione di Corilla Olimpica. *Parma, Bodoni*, 1779, in-8.   8

347 La Faoniade, sia versi di Saffo. *Parma, Bodoni*, 1791, in-8.   7   50

348 Odi di Gius. Parini. *Ibid*, 1792, in-8.   7   50

349 Scherzi poetici e pittorici. *Ibid*, 1795, in-4, avec 41 gravures. 70

350 Ero e Leandro, poema di Nic. Viviani. *Ibid*, 1794, in-4.   7   50

351 Poemetti e versioni metriche dal greco e dal latino. *Parigi*, 1801, in-12, fig. br.   2   25

     in-12, pap. vél. fig. br.   4   25

352 Opere di M. Cesarotti. *Pisa*, 1805, 19 vol. in-12.   84

353 Le medesime, 19 vol. in-8, cart.   114

On peut acquérir séparément les divers ouvrages de cette collection : Poesie di Ossian, 4 vol. -- Iliade di Omero, 4 vol. -- Satire di Giuvenale, 1 vol. -- Saggio sulle lingue, 1 vol. etc.

354 Aminta di T. Tasso. *Parma, Bodoni*, 1789, in-4.   21

     — Ibid. 1793, in-fol.   75

     — Ibid. 1796, in-8, fig. ajoutées.   18

355 Aminta di Tasso, colla sua Vita. *Parigi*, 1801, in-18, pap. fin, portr. de T. Tasso, br.   80

     in-18, pap. vélin, fig. de Prud'hon, br.   2   25

     in-12, pap. fin, fig. br.   2   25

     in-12, pap. vélin, id.   4   25

356 Gravure pour Aminta, par Roger, d'après Prud'hon, séparément.   1   25

     avant la lettre.   2   50

357 La Vedova, comedia di N. Buonaparte. *Parigi*, 1803, in-8, pap. vélin, br.   3

358 Opere di P. Metastasio. *Parigi*, 1780, 12 vol. in-8, 38 fig. de Bartolozzi et autres.   90

359 — Les mêmes, 12 vol. in-4, pap. de Hollande, fig. choisies.   240

360 Tragedie di Vittorio Alfieri, 1804, 6 vol. in-18, pap. fin, portr. par Bettelini, br.   13   50

     in-12, pap. fin, br.   30

Édition fort jolie, la plus complete de toutes, et faite dans le format des stéréotypes. La suite des OEuvres s'imprime dans le même format, et se vendra ou avec les tragédies, ou séparément, au gré des acquéreurs.
Outre cette édition in-12 et in-18, il s'en fait une autre de format in-4, d'une exécution parfaite, et tirée seulement à 250 exempl. Déja six volumes sont publiés, et les autres paroîtront successivement à des intervalles assez rapprochés.

361 Aristodemo, tragedia di V. Monti. *Parma, Bodoni*, 1786, in-8, cart.   6

362 Parnasso de' Poeti italiani viventi. *Pisa*, 1800, 26 vol. pet. in-8.   52

Cette collection, qui comprend les poésies de Pignotti, Monti, Bertola, Parini, Bondi, etc. se vend aussi séparément, à raison de 2 fr. 25 c. chaque volume.

POETES ANGLOIS, ALLEMANDS, ET RUSSES.

363 The Seasons, by J. Thomson. *Parma, Bodoni,* 1794, in-4. 45 fr c.
364 Les beautés poétiques d'Young, trad en françois, avec une notice
    sur sa vie et ses ouvrages, par J. Evans. *Paris,* 1804, in-8, fig. 5
365 Lettre d'Héloïse à Abeilard, en anglois, françois, et allemand,
    avec quatre gravures très belles. 1804, in-4, pap. vél. 32
366 Fables of Gay, and Moore, with the Life of Gay. *Paris,* 1802,
    in-18, pap. fin, br. 1 25
      in-12, pap. vél. br. 4 70
      Les mêmes, sans les Fables de Moore, in-18, pap. fin, br. 1
367 Gessners Schrifften. *Zurich, Gessner,* 1788, 2 vol. in-18, pap.
    fin, avec les grav. faites par Moreau jeune, pour l'édit. franç. 40
368 Gessners Schriffteu. *Zurich, Gessner,* 1801, 3 vol. in-16, br. 7 50
369 OEuvres de Gessner, avec 51 gravures par Moreau jeune. *Paris,*
    1799, 4 vol. in-8, pap. vélin, br. en carton. 72
370 — Les mêmes, avec les figures avant la lettre. 120
371 — Les mêmes, avec les mêmes grav. *Dijon, P. Causse,* 4 vol.
    pet. in-8, pap. vél. br. en carton. 42
372 — Les mêmes, sur plus grand papier vélin. 54
373 Les 51 gravures pouvant servir à décorer toute autre édition de
    Gessner, dans quelque langue que ce soit, se vendent aussi sé-
    parément, avant la lettre 72
374 — avec la lettre, de premier tirage. 48
375 — avec les numéros en haut de l'estampe. 32
376 OEuvres de S. Gessner. *Zurich,* 1774, 3 vol. petit in-12. 5
377 Der Tod Abels, von S. Gessner. *Zurich, Orell, Gessner und*
    Fuessli, 1787, in-8, br. 3
378 La Mort d'Abel, de Gessner, avec une Notice sur sa vie et ses
    ouvrages. *Paris,* 1802, in-18, avec une très jolie gravure,
    broché. 1 20
      in-18, pap. vélin, avec 17 grav. de Moreau jeune; br. 7 50
      in-12, pap. vél., et les grav., br. 9
379 Théâtre de Schiller, trad. de l'allemand, par Lamarteliere. *Paris,*
    1799, 2 vol. in-8, br. 9
      Le même, 2 vol. in-8, pap. vél, br. 18
380 Théâtre tragique d'Alex. Soumarocow, trad. du russe par Pappa-
    dopoulo. *Paris,* 1802, 2 vol. in-8, avec une très belle grav.
    d'après Moreau jeune, br. 8
      Le même, 2 vol. in-8, pap. vél. fig. br. 16

MYTHOLOGIE, FABLES, NOUVELLES, ROMANS.

381 Apollodori Deorum Bibliotheca, gr. cum notis C. G. Heyne.
    Gottingæ, 1783, 4 vol. in-8, pap. fin., br. 24
382 Opuscula mythologica, physica, ethica, gr. lat. *Amstel.,* 1688,
    in-8, br. 15
383 Appendix de Diis et heroïbus poeticis, cui accessit Dictiona-
    rium latino-gallicum: stéréot. d'Herhan, in 18, rel. en parch. 90
384 Lettres à Émilie sur la mythologie, par Demoustier, nouvelle
    édition, beaucoup améliorée. *Paris,* 1804, 6 vol. in-18, pap.
    fin, 37 fig., br. 7 50
385 — in-18, pap. vélin, fig. br. 21
386 — in-12, pap. vélin, fig. br. 25
387 — Les mêmes, 6 vol. in-8, fig. br. 18

388 Les mêmes Lettres à Emilie sur la mythologie, 6 vol. in-8 , fig. br.
édition commune.   9 fr.   c.
389 — Les mêmes, tomes 5 et 6 , in-18 — chacun.   1   10
390 — Les mêmes, tomes 5 et 6 , in-8 — chacun.   2   50
391 AEsopi Fabulæ, gr. lat. *Parmæ , Bodoni* , 1800 , in-fol.   60
     Les mêmes, gr. pap. vél. , in-fol.   120
392 Fables d'Ésope, et sa vie, représentées en figures, pour l'éducation de la jeunesse. *Paris* , 1801 , 2 vol. in-4.   8
     Les mêmes, gr. pap. vél.   24
393 G. Faerni Fabulæ et Carmina. *Parmæ , Bodoni* , 1793 , in-4 , avec
50 grav. in-4.   42
394 Fables choisies de Faerne, avec fig. *Paris* , 1805 , in-4 gr. pap.
vél., br.   9
395 Apuleii Metamorph. *Parisiis* , 1796 , 3 vol. in-18 , pap. vélin. , br.   9
     Les mêmes , 3 vol. in-18 , pap. de Holl.   18
396 Psyches et Cupidinis Amores, ex Apuleio. — Matrona Ephesiaca,
ex Petronio. *Parisiis* , 1796 , in-18 , pap. de Holl. , br.   4   50
397 Notizia de' Novellieri italiani, con alcune novelle inedite. *Bassano* ,
1794 , in-8 , br.   7
398 Contes choisis de Boccace , trad. par Mirabeau. *Paris* , 1802 , 8
vol. in-18 , fig. , br.   10
399 Nouvelles de Marguerite de Navarre. *Berne* , 1780 , 3 vol. in-8 ,
fig. et vignettes, br.   72
400 Contes Moraux de Marmontel. *Paris* , 1802, 5 vol. in-18, fig. , br.   5
401 Nouveaux Contes moraux de Marmontel. *Paris* , 1802 , 5 vol.
in-18 , fig. br.   5
402 Le Goût de bien des gens, ou Recueil de contes en vers et en prose.
Paris , 1769 , 3 vol. in-12.   6
403 Scriptores Erotici græci, ed. Mitscherlich, gr. et lat. *Biponti* ,
1792 , 4 vol. in-8 , pap. fin, br.   24
404 Longus de Daphnidis et Chloen Amoribus, gr. *Parmæ , Bodoni* ,
1786 , in-4 , pap. fin.   36
405 Daphnis et Chloé, trad. du grec par Amyot. *Paris* , 1803 , in-18 ,
p. fin, avec le portr. d'Amyot , br.   1   35
     in-18 , pap. vélin et grav. de Prud'hon , br.   3   75
     in-12 , pap. fin, id.   3   75
     in-12 , pap. vélin, id.   5   25
406 Dafni e Cloe, trad. da Annib. Caro. — Abrocome e Anzia,
trad. da Ant. Maria Salvini , e rivved. da Visconti. *Parigi* ,
1800 , 2 vol. in-18 , pap. fin, br.   2
     in-18 , pap. vélin , 2 gravures de Prud'hon, br.   4   50
     in-12 , pap. fin, id.   4   50
     in-12 , pap. vélin, id.   8   50
     Les deux gravures de Prud'hon séparément. Chacune   1   25
     — avant la lettre.   2   50
407 Don Quixotte de la Mancha, por Mig. de Cervantes Saavedra, con
nuevas notas, analisis, y con la vida de el Autor, por J. A. Pel-
licer. *Madrid* , 1797, 5 vol. in-8 , fig.   55
     Le même. *Madrid* , 1800 , 9 vol. in-12, avec très jolies vignett.   45
408 Don Quichotte, trad. par Florian. *Paris* , 1802, 6 vol. in-18, fig. br.   6
     Le même , avec 24 grav.   18
409 L'Isle imaginaire et la Princesse de Paphlagonie, par mademoiselle
de Montpensier. *Paris* , 1805 , in-12, pap. vél. portr.   6
410 La Princesse de Montpensier, par madame de La Fayette. *Paris* ,
1805 , in-12, *imprimé sur vélin.*   120
411 Amours de Psyché, par La Fontaine. *Paris, Saugrain* , 1795 , gr.
in-4 , pap. vél. fig. de Moreau jeune.   45

412 Télémaque, par Fénélon. *Dijon, P. Causse*, 1795, 2 vol. in-4,
    pap. vélin.   42 f. c.

413 — Le même, sur un papier supérieur, dont il n'a été tiré que
    quatre exempl.   72

414 — Le même, édit. stéréotype de Didot, an 8, 2 vol. in-12, pap.
    vél. portr. de Fénélon ajouté, br.   9 40

415 — Le même, avec Aristonoüs: édition en caracteres plus gros.
    Paris, 1802, 2 vol. in-18, br.   2 20
    in-12, pap. fin, br.   3
    in-12, pap. vél. portr. de Fénélon, br.   9 40

416 Vingt-six estampes dessinées par Lefebvre, pour toute édition de
    Télémaque, stéréotype ou autre, in-18, in-12, ou in-8.   10
    Les mêmes, avant la lettre.   24

417 Héro et Léandre, poëme nouveau en trois chants, avec 9 estampes
    en couleur, gravées par Debucourt. *Paris, Didot aîné*, 1801,
    in-4, pap. de Holl.   18
    Le même, pap. vélin, fig. avant la lettre.   48

418 Le Diable boiteux, par Le Sage. *Dijon, Frantin*, 1797, 2 vol. in-8,
    pap. fin, portr.   8

419 Le Diable boiteux, stéréotype d'Herhan. *Paris*, 1805, 2 vol. in-18,
    pap. fin, br.   2 20
    in-12, pap. fin, fig.   5
    in-12, pap. vélin, fig.   10

420 Gilblas, par Le Sage. *Paris*, 1798, 6 vol. in-18, 7 gravures par
    Copia, etc. br.   7 50

421 Gilblas, par Le Sage. *Paris*, an 9, 8 vol. in-18, pap. fin d'Angou-
    lème. *Jolie édition avec* 29 *gravures*, br.   15

422 — Le même, 8 vol. in-18, pap. vélin, fig. avant la lettre, br. en cart. 40

423 Gilblas, par Le Sage, stéréot. d'Herhan. *Paris*, 1805, 4 vol. in-18,
    pap. fin, br.   4 40
    in-12, pap. fin, fig. br.   10
    in-12, pap. vél. fig. br.   20

424 Gusman d'Alfarache, par le même, stéréotype d'Herhan. 1806, 2
    vol. in-18, br.   2 70
    in-12, fig. br.   6
    in-12, pap. vél. fig. br.   12

425 Le Bachelier de Salamanque, par le même, *sous presse*, in-18
    et in-12.

426 Portrait de Le Sage, gravé par Saint-Aubin, propre à être joint aux
    ouvrages ci-dessus annoncés.   1

427 Le Temple de Gnide, par Montesquieu. *Paris, Didot jeune*, an 3,
    in-18, pap. vélin, avec 10 belles gravures.   3

428 Le Temple de Gnide, avec Arsace et Isménie. *Paris, Didot aîné*,
    1796, in-12, grand pap. vélin, 13 belles gravures.   9

429 — Le même, avec les figures avant la lettre.   12

430 Le Compere Mathieu, ou les Bigarrures de l'esprit humain. 1777,
    3 vol. in-8.   6

431 Lettres de mylady Catesby, par madame Riccoboni. *Amst.* 1772,
    petit in-8.   1 50

432 Mémoires de la marquise de Cremy. *Lyon*, 1773, 2 vol. petit in-8. 4

433 Manon Lescaut, par l'abbé Prévost. *Paris, Didot aîné*, 1797, 2
    vol. in-18, pap. vél. fig. avant la lettre, br.   12

434 Lettres Péruviennes, par madame de Grafigny. *Paris, Didot aîné*,
    1797, 2 vol. in-18, pap. vél. fig. avant la lettre, br.   12

435 Ollivier, par Cazotte. *Paris, Didot aîné*, 1798, 2 vol. in-18,
    fig. br.   5
    Le même, papier vél., fig. avant la lettre, br.   12

<table>
<tr><td>Le même Ollivier, grand pap. vélin, fig. avant la lettre.</td><td align="right">18 f.</td><td>c.</td></tr>
<tr><td>436 Primerose, par Morel de Vindé. Paris, Didot ainé, 1798, in-18, fig. br.</td><td align="right">2</td><td align="right">50</td></tr>
<tr><td>Le même, pap. vél. fig. avant la lettre, br.</td><td align="right">6</td><td></td></tr>
<tr><td>437 Zélomir, par le même. Paris, Didot ainé, 1801, in-18, fig. br.</td><td align="right">2</td><td align="right">50</td></tr>
<tr><td>Le même, in-18, pap. vél. fig. avant la lettre, br.</td><td align="right">6</td><td></td></tr>
<tr><td>438 Voyage à Saint-Cloud, par mer et par terre, avec le retour. Paris, 1802, in-18, fig. br.</td><td align="right">1</td><td></td></tr>
<tr><td>439 Les Amours d'Anas-Eloujoud, par Savary. Paris, Didot jeune, 1789, in-18, pap. fin, br.</td><td align="right">1</td><td></td></tr>
<tr><td>440 Les Liaisons dangereuses, par Choderlos de Laclos. Paris, 1796, 2 vol. in-8, belles grav. br.</td><td align="right">15</td><td></td></tr>
<tr><td>441 Paul et Virginie, en françois et en anglois. Paris, 1803, 2 vol. in-12.</td><td align="right">3</td><td align="right">60</td></tr>
<tr><td>442 La Chaumiere Indienne, par Bernardin de Saint-Pierre, avec la traduction italienne, par Bruner. Paris, 1806, in-12, br.</td><td align="right">2</td><td></td></tr>
<tr><td>443 Betzi, ou l'Amour comme il est : Roman qui n'en est pas un. Paris, 1803, in-18, pap. fin, br.</td><td align="right">1</td><td align="right">25</td></tr>
<tr><td>in-18, pap. vélin, br.</td><td align="right">2</td><td align="right">50</td></tr>
<tr><td>444 Delphine, par madame de Stael. Paris, 1803, 6 vol. in-12.</td><td align="right">12</td><td></td></tr>
<tr><td>445 Veillées du Tasse, trad. de l'italien, par B. Barrere, avec le texte italien. Paris, 1804, in-12, pap. fin, 4 belles gravures, br.</td><td align="right">4</td><td></td></tr>
<tr><td>Les mêmes, in-8, pap. vélin, fig. avant la lettre, cart.</td><td align="right">10</td><td></td></tr>
<tr><td>446 Aventures de Sapho, trad. de l'italien. Paris, 1803, in-12, br.</td><td align="right">2</td><td align="right">50</td></tr>
<tr><td>Les mêmes, in-12, pap. vélin.</td><td align="right">4</td><td align="right">50</td></tr>
<tr><td>447 Voyages de Gulliver. Paris, Didot ainé, 1797, 4 vol. in-18, 10 jolies gravures.</td><td align="right">6</td><td></td></tr>
<tr><td>448 — Les mêmes, 4 vol. in-18, pap. vélin, fig. avant la lettre, br.</td><td align="right">15</td><td></td></tr>
<tr><td>— Les mêmes, grand pap. vélin, fig. avant la lettre.</td><td align="right">24</td><td></td></tr>
<tr><td>449 Clarisse, trad. de l'anglois de Richardson, par Le Tourneur, avec fig. de Chodowiecki. Geneve, 1785, 10 vol. in-8, pap. de Holl.</td><td align="right">144</td><td></td></tr>
<tr><td>450 Histoire de Grandison, trad. de l'anglois de Richardson, par l'abbé Prévost. Paris, 1786, 7 vol. in-18, br.</td><td align="right">12</td><td></td></tr>
<tr><td>451 The Vicar of Wakefield, by Ol. Goldsmith ; avec la vie de l'auteur. Paris, 1800, in-18, pap. fin, br.</td><td align="right">1</td><td align="right">25</td></tr>
<tr><td>in-18, avec 6 grav.</td><td align="right">2</td><td align="right">25</td></tr>
<tr><td>in-12, pap. vélin, 6 fig. br.</td><td align="right">5</td><td align="right">25</td></tr>
<tr><td>452 Sterne's Sentimental Journey, with his Life, the Episods of Maria, Le Fever, Yorick's Death, and the Letters to Elisa Draper. Paris, 1802, in-18, p. fin, br.</td><td align="right">1</td><td align="right">25</td></tr>
<tr><td>pap. fin, avec 6 gravures, br.</td><td align="right">2</td><td align="right">25</td></tr>
<tr><td>in-18, pap. vélin, fig. br.</td><td align="right">4</td><td></td></tr>
<tr><td>in-12, pap. fin, idem.</td><td align="right">4</td><td></td></tr>
<tr><td>in-12, pap. vélin, idem.</td><td align="right">5</td><td align="right">25</td></tr>
<tr><td>453 Cinq Nouvelles Helvétiennes, par H. Meister. Paris, 1805, in-12, br.</td><td align="right">2</td><td></td></tr>
<tr><td>Les mêmes, in-12, pap. vél. br.</td><td align="right">4</td><td></td></tr>
<tr><td>454 Tendresse maternelle toujours se renouvelle : ancien proverbe allemand développé dans une suite de neuf gravures en couleur d'une grande beauté ; avec le texte en allemand et en françois. 1805, petit in-4, pap. vélin, br.</td><td align="right">18</td><td></td></tr>
<tr><td>455 COLLECTION connue sous le nom de Collection de Bleuet, 20 vol. in-12, grand pap. vélin, ornée de 124 fig. avant la lettre, contenant Gulliver, 4 vol. Manon Lescaut, 2 vol. Ollivier, 2 vol. Lettres Péruviennes, 2 vol. Zelomir, 1 vol. Primerose, 1 vol. Psyché et Adonis, 2 vol. Temple de Gnide et Arsace, 1 vol. Télémaque, 4 vol. avec 50 figures, 25 de Lefevre, et 25 de Quéverdo. Maximes de La Rochefoucauld, 1 vol.</td><td align="right">180</td><td></td></tr>
</table>

CRITIQUE, DISSERTATIONS SAVANTES, etc.

456 Athenæus, gr. lat. cum notis Is. Casauboni et J. Schweighaeuser. *Argentor.* 1801 , 15 vol. in-8 , pap. fin , br.   200 fr. c.

457 Lettre critique de J. F. Bast sur Parthénius, Antoninus Liberalis, et Aristenete. *Paris* , 1805 , in-8 , br.   2   50

458 Le Chef-d'œuvre d'un inconnu : nouvelle édition , avec des notes et figures. *Lausanne* , 1758 , 2 vol. in-8.   6

459 Mémoires sur la littérature, par Palissot. *Paris* , 1803 , 2 vol. in-8.   12

460 Le Tribunal d'Apollon , ou Jugement en dernier ressort de tous les auteurs vivants. *Paris* , an 8 , 2 vol. in-18 , br.   1   50

461 Petronii Satyricon , cum notis P. Burmanni. *Amst.* , 1743 , 2 vol. in-4 , ch. magna , br.   84

462 — cum Petronianis fragmentis, et glossario. *Parisiis* , 1797 , 2 vol. in-18 , pap. vél. br.   6
    pap. fin de Holl.   12
    grand pap. vélin.   15

463 Senecæ et Publii Syri Sententiæ, cum notis varior. *Lugd. Bat.* , 1727 , in-8 , br.   9

POLYGRAPHES.

464 Cardonne, Mélanges de littérature orientale. 1771 , in-8.   4

465 Lucianus, gr. lat. cum notis Hemsterhusii , et indice. *Amst.* 1743-46 , 4 vol. in-4 , br.   108

466 Lucianus, gr. lat. cum notis Hemsterhusii, etc. *Biponti* , 1789 , 10 vol. in-8 , pap. fin.   72

467 — Les mêmes , en pap. de Holl. br.   240

468 Philostratorum opera, gr. lat. cum notis Olearii. *Lipsiæ* , 1709 , in-fol. , gr. pap. fort , br.   72

469 Leibnitzii opera , *Genevæ* , 1768 , 6 vol. in-4 , fig.   84

470 — Les mêmes , en grand pap.   120

471 Bibliotheque portative des meilleurs écrivains françois en vers et en prose , contenant des extraits de leurs ouvrages; 6 vol. grand in-8 , pap. vélin , br.   72

472 OEuvres d'Hamilton. 1777, 7 vol. petit in-12.   12

473 OEuvres d'Hamilton. *Paris* , 1805 , 3 vol. in-8.
Cette édition , totalement épuisée , va être remplacée par une édition nouvelle , plus ample, très bien imprimée chez Didot aîné , avec 10 belles gravures par Moreau jeune et Augustin Saint Aubin , maintenant achevées. Elle paroîtra dans le courant de 1807.

474 OEuvres completes de Rollin; nouvelle édition , la première qui ait été faite de format in-8 , imprimée en caracteres neufs , sur beau papier , au nombre de 500 exempl. et 25 sur pap. vélin. Chaque volume br. en carton.   6
    Sur pap. vélin.   12
Il paroît très exactement un volume chaque mois : l'édition sera achevée sous un bref délai , et n'aura point la surcharge de nouvelles notes ou additions.

475 OEuvres de J. J. Rousseau. *Paris , Didot aîné* , 1801 , 20 vol. in-8 , pap. vél.   240

476 VINGT-QUATRE figures d'après Moreau jeune , pour J. J. Rousseau , in-8.   16
    Les mêmes , épreuves avant la lettre.   32

477 SIX figures par Choffard , pour Émile, in-4 avant la lettre.   12

478 FIGURES in-8 pour les œuvres de Voltaire , d'après de nouveaux dessins de Moreau jeune.
Cette belle collection est composée de 146 estampes et portraits , du prix de   185
— avec un Supplément de 21 autres portraits   200
avant la lettre , le double de ces prix.

479 OEuvres completes de Duclos. *Paris*, 1806, 10 vol. in-8, avec
    6 portraits.   45 fr. c.
       Les mêmes, sur pap. vél. portraits avant la lettre   85
480 OEuvres posthumes de Thomas. *Paris*, 1802, 2 vol. in-12, br.   5
481 OEuvres de Condorcet. *Paris*, 1804, 21 vol. in-8, br.   107
482 OEuvres badines de Cazotte. *Paris*, 6 vol. in-18.   6
483 OEuvres completes de Florian, nouvelle édition corrigée sur les ma-
    nuscrits de l'auteur, et augmentée de plusieurs pieces inédites,
    23 vol. in-18 avec 23 grav.   23
484 — Les mêmes, 23 vol. in-18, pap. fin, avec 121 grav.   69
    Chaque ouvrage de Florian se vend séparément.
      485 Galatée, in-18, avec une gravure.   1
          pap. fin avec 10 grav.   3
      486 Gonsalve de Cordoue, 3 vol. in-18, avec 3 grav.   3
          pap. fin, 15 grav.   9
      487 Estelle, in-18, 11 gravure.   1
          pap. fin, 7 grav.   3
      488 Fables, in-18, avec une grav.   1
          pap. fin, avec 6 grav.   3
      489 Six Nouvelles, et les Nouvelles nouvelles, 2 vol. in-18,
          avec 2 gr.   2
            pap. fin, avec 14 jolies grav.   6
      490 Numa Pompilius, 2 vol. in-18, avec 2 grav.   2
          pap. fin, avec 13 jolies grav.   6
      491 Théâtre, 3 vol. in-18, avec 3 grav.   3
          pap. fin, avec jolies grav.   9
      492 Don Quichotte, 6 vol. in-18, avec 6 grav.   6
          pap. fin, avec 24 jolies grav.   18
      493 Guillaume Tell, ou la Liberté de la Suisse, ouvrage
          posthume, in-18, avec une grav.   1
          pap. fin, avec 6 jolies grav.   3
      494 Éliézer et Nephtali, trad. de l'hébreu, suivi d'un Dialogue
          entre deux chiens, in-18, avec une grav.   1
          pap. fin, avec 6 jolies grav.   3
      495 Nouveaux Mélanges de Florian. 1806, in-18, avec une grav.   1
          papier fin.   3
496 OEuvres posthumes de Barthelemy. *Paris*, an 6, 2 vol. in-8, br.   10
497 OEuvres de Demoustier, contenant son Théâtre, Cours de morale,
    Poésies, etc. *Paris*, 1803, 2 vol. in-8, portrait, br.   12
    en papier vélin, avec 6 beaux portraits.   30
498 — Les mêmes. *Paris*, 1803, 5 vol. in-18, pap. fin, br.   6 50
499 — in-12, pap. vél. avec portr. br.   18
500 OEuvres completes de Berquin, rangées dans un meilleur ordre,
    par Ant. Aug. Renouard. *Paris*, 1803, 20 vol. in-18, pap. fin,
    18 fig. br.   30
501 — Les mêmes, avec 212 fig. 20 vol. in-18, br.   60
502 — Les mêmes, 17 vol. in-12, papier fin, figures des premieres
    épreuves, br.   75
503 — Les mêmes, 17 vol. in-12, pap. vélin, figures des premieres
    épreuves, br.   120
    Cette édition, que je certifie la seule bien complete, est extrêmement correcte, bien
    imprimée, et ornée de belles gravures : elle a en outre le très grand avantage de pou-
    voir être acquise avec plus ou moins de gravures, et même par portions séparées.

Prix des Ouvrages séparés de Berquin.

    504 L'Ami des Enfants et de l'Adolescence, réunis, 7 vol. in-18,
      br. 7 fig.   15
          avec 98 grav.   28

505 Le Livre de Famille, br.   1 f. 50 c.
     avec 7 grav.   3
506 La Bibliotheque des villages, 2 vol. br.   2   50
     avec 7 grav.   4
507 Choix de Lectures et Contes, 2 vol. br.   2   50
     avec 13 grav.   5
508 Introduction à la connoissance de la Nature, avec le Système
     du Monde, etc. br. avec 20 gravures.   4   50
509 Sandford et Merton, et le Petit Grandisson, 3 vol. br.   4   50
     avec 20 gravures.   7   50
510 Idylles, Romances, et autres Poésies.   1   50
     avec 40 grav.   7   50
511 Historiettes du premier âge, trois parties, avec un quatrieme
     volume de Contes choisis dans l'Ami des Enfants.   3
     avec 12 grav.   5
512 Contes choisis, pris dans l'Ami des Enfants, in-18, 5 gr. br.   1   50
     in-12, vélin, 12 grav., br.   5
513 Du volume d'Idylles, Romances, etc. il a été tiré en grand.
     pap. vélin quelques exemplaires de plus, qui se vendent,
     avec les 40 gravures.   12 50
514 — Les 212 gravures, sans le texte, in-18   30
     Les mêmes, sur grand pap.   36
     Et les diverses parties de ces gravures, séparément, à
     des prix relatifs.
515 Fables et OEuvres diverses de l'abbé Aubert. *Paris*, 1774, 2
     vol. in-8.   9
516 OEuvres completes de Boufflers. *Paris*, an 9, in-8.   5
517 OEuvres de Lombard, de Langres. *La Haye*, 1801, gr. in-8.   5   50
518 Opere di Nic. Machiavelli. *Filadelfia* (Livorno), 1797, 6 vol.
     in-8, pap. fin.   40
519 Obras sueltas assi en prosa, como en verso, de D. Frey Lope Felix
     de Vega Carpio. *Madrid, Sancha*, 1778, 21 vol. in-4.   130
520 — Les mêmes, 21 vol. in-4, gr. pap. br.   200
521 OEuvres de Fr. Bacon, trad. en françois par Ant. La Salle, avec
     des notes. *Dijon*, an 8, 15 vol. in-8, br.   67 50
522 — Les mêmes, gr. pap. d'Anonnay, cart.   135
523 Opuscules de Franklin, en anglois et en françois. *Paris*, 1806,
     petit in-8, pap. vél. avec son portrait, br.   5
524 — Les mêmes, in-18, pap. vélin, reliés.   3

ÉPISTOLAIRES.

525 Alciphronis Epistolæ, gr. lat. *Ultrajecti*, 1791, in-8.   3. 60
     Les mêmes, gr. pap. de Hollande.   9
526 Aristæneti Epistolæ, gr. lat. c. not. de Paw. *Idem*, 1737, in-8, br.   9
527 Modeles de lettres sur différents sujets, extraites des meilleurs au-
     teurs, avec des réflexions sur le style épistolaire. 1761, in-12.   2
528 Lettres de madame de Sévigné, nouvelle édition mise en ordre pour
     la premiere fois, corrigée sur les manuscrits originaux, augmentée
     de lettres inédites, et enrichie de notes et dissertations, avec 2
     portraits gravés sur les portraits originaux. *Paris*, 1805, 8 vol.
     in-8, br.   48
529 — Les mêmes, 8 vol. in-8, pap. d'Angoulème, br.   54
530 — Les mêmes, 8 vol. in-8, papier vél. cart.   92
531 — Les mêmes, 11 vol. in-12, br.   36
   On peut y ajouter 20 portraits des principaux personnages dont il est question dans ces

Lettres. Ils sont tous parfaitement bien gravés ; et , achetés avec l'ouvrage , leur prix
est de 16 f. sur pap. vélin , 15 f. sur papier ordinaire.

532 Lettres de Guy Patin. *Cologne*, 1692, 3 vol. in-12.   6 fr. c.

533 Lettres Persanes , et le Temple de Gnide, par Montesquieu. *Dijon*,
1797, 3 vol. in-12, pap. vél. portr.   12

534 Lettres d'un Persan en Angleterre. 1770, in-12.   2

535 Letters of Montague , with her poems. Stéréotype de Didot, in-12,
pap. vél. br.   4   70

HISTOIRE, GÉOGRAPHIE, VOYAGE.

537 Les Impostures de l'histoire, ouvrage nécessaire à ceux qui veulent
lire l'histoire avec fruit. *Paris*, 1770, in-12.   2

538 Leçons de géographie, par L. Gaultier; septieme édition revue et
beaucoup corrigée. *Paris*, 1806, in-18 , cart.   1   50

539 Atlas colorié pour l'usage de cette Méthode de Géographie.   5

540 Leçons d'histoire, avec jeux de cartes historiques, disposés tant en
atlas qu'en cartes séparées; par L. Gaultier. *Sous presse pour pa-
roitre en mars prochain.*
C'est une édition perfectionnée d'un ouvrage publié à Paris, il y a plus de vingt ans,
par le même auteur.

541 Atlas historique de Le Sage, en 32 grandes cartes coloriées; seconde
édition beaucoup corrigée et augmentée; in-fol. rel. en carton. 97 50
en pap. fin , rel. en carton.   127 50

542 Jeux de cartes historiques pour l'instruction de la jeunesse. — Géo-
graphie , 48 cartes et un planisphere, avec étui.   2   50
Histoire Sainte, 48 cartes, avec étui.   2
Mythologie , idem.   2
Histoire Ancienne.   2
Histoire Romaine.   2
Histoire de France.   2
et sans étui , chacun est de 50 cent. de moins.

543 Voyage à la recherche de La Pérouse, par La Billardiere. *Paris*,
an 8 , 2 vol. in-8 et un très bel atlas.   42
Le même , 2 vol. in-4 , et atlas sur plus grand papier.   84

544 Nouvel Itinéraire italien, avec des notes littéraires. *Paris*, 1804.   2

545 Nouveau Voyage en Italie et en Sicile, par Creuzé Delesser. *Paris*,
1806, in-8, br.   5

546 Souvenirs de mon dernier voyage à Paris (en 1795), par H. Meister.
Paris, an 5 (*Zurich*) petit in-8.   2   50

547 Souvenirs de mes voyages en Angleterre, par H. Meister. *Zurich*,
1795, 2 vol. petit in-8.   4   50

548 Itinéraire d'un Voyage fait en Suisse, par P. J. Gerard. 1804 , petit
in-8, avec carte.   3   60

549 Manuel du voyageur en Suisse , par J. G. Ebel , trad. de l'allemand
sur la deuxieme édition. *Paris*, 1805 , 4 vol. in-8 , avec cartes
et figures , br.   21

550 Voyage de Pallas en Russie. *Paris*, 1788, 5 vol. in-4 et atlas.   80

551 Voyage pittoresque de Scandinavie (par Saint-Morys). *Londres*,
1802, in-4 , 24 belles grav. à l'aqua-tinta, gr. pap. vél.   60

552 Voyage pittoresque et historique de l'Istrie et de la Dalmatie, avec
cartes et figures. *Paris*, 1802, gr. in-fol. fig.   200

553 Voyage en Morée, à Constantinople, et en Albanie, par Poucque-
ville. *Paris*, 1805, 3 vol. in-8.   15

554 Vues en Egypte, d'après les dessins originaux de L. Mayer, avec des
observations sur les mœurs et les usages des habitants de ce pays.
Londres, Bensley, 1802 , gr. in-fol. pap. vél. cart.   320
Livre magnifique , dont les 48 gravures coloriées sont autant de beaux tableaux.

555 Golberry, Voyage en Afrique. 1804 , 2 vol. in-8.   10

556 Voyage dans les quatre principales isles des mers d'Afrique en 1801 et 1802, par Bory Saint-Vincent. *Paris*, 1804, 3 vol. in-8 et un bel atlas. 24 f. c.

557 Voyage en Arabie et en d'autres pays circonvoisins, par Carsten Niebuhr. *Amst.* 1776, 2 vol. in-4, fig.

558 Description de l'Arabie, par le même. *Ibid*, 1774, in-4, fig.

559 Questions proposées à une société de savants qui font le voyage de l'Arabie, par Michaelis. *Ibid*, 1774, in-4.
 Ces trois ouvrages forment une collection, devenue rare de cette édition, qui est la seule bonne. Les 4 volumes 75

560 Voyage de Stedman à Surinam. *Paris*, 1799, 3 vol. in-8 et atlas. 28

561 Voyage à la Martinique, avec des notes et observations politiques, par J. R. *Paris*, 1804, in-8, br. 2 50

CHRONOLOGIE, HISTOIRE UNIVERSELLE.

562 Dictionnaire portatif de Chronologie. *Paris*, 1803, in-12, br. 1 50

563 Manuel pour la concordance des deux calendriers républicain et grégorien. Seconde édition, dans laquelle les tables de concordance sont portées jusqu'à l'an XXX — 1822. *Paris*, 1806, in-12, br. 1 25

564 P. Orosii sacerdotis Historiæ sacræ. *Lugd. Bat.* 1767, in-4, cart. 24

565 Histoire Universelle de Bossuet jusqu'à Charlemagne, avec la Continuation par lui-même, jusqu'à l'an 1661; édition enrichie de variantes et d'une table des matieres. *Paris*, 1806, 6 vol. in-18, avec le portrait de Bossuet, br. 8 10
 La même, 6 vol. in-18, pap. vél. portr. 16 50
 — 6 vol. in-12, pap. fin, portr. br. 15
 — 6 vol. in-12, pap. vél. portr. br. 28
 Les deux volumes de continuation se vendent séparément aux prix suivants.
 2 vol. in-18, br. 3 20
 2 vol. in-18, pap. vél. br. 6
 2 vol. in-12, pap. fin, br. 6
 2 vol. in-12, pap. vél. br. 10

566 Histoire Universelle, pour l'instruction de la jeunesse, par Schloetzer et Schroeck; nouvelle édition corrigée. 1803, 2 vol. in-12, br. 5

HISTOIRE SAINTE, HISTOIRE GRECQUE ET ROMAINE.

567 L'Homond, Epitome Historiæ Sacræ, avec un petit Dictionnaire; stéréot. 1805, in-18, parch. 90

568 Fleury, Mœurs des Israëlites. 1777, in-12. 2

569 Selectæ e profanis scriptoribus historiæ; stéréot. 1806, in-12, parch. 2 25

570 Fl. Josephi Historiæ, gr. lat. ed. Oberthur. *Lipsiæ*, 1783, 3 vol. in-8, pap. fort. 72

571 La Croze, Histoire du Christianisme d'Ethiopie. *La Haye*, 1739, petit in-8. 3

572 Histoire de l'établissement du Christianisme dans les Indes. *Paris*, 1803, 2 vol. in-12, br. 4

573 Histoire ancienne de Rollin, abrégée par Tailhé; 5 vol. in-12, bas. 15

574 Thucydides, gr. lat. ad editionem Dukeri, cum notis. *Biponti*, 1788, 6 vol. in-8, pap. fin, br. 42

575 Pausanias, trad. par Gedoyn, nouvelle édition, avec des notes. *Paris*, 1797, 4 vol. in-8, br. 12

576 Voyage d'Anacharsis, par Barthelemy. *Paris*, 9 vol. in-12 et atlas. 27

577 Lettres sur la Grece, par Savary. *Paris*, 1788, in-8. 3 75

578 Titus Livius, cum scholiis Sigonii. *Venetiis, Aldus*, 1566, in-fol. rel. en peau de truie. Bel exempl. 36

579 Titus Livius, cum Glossario Liviano. *Lipsiæ*, 1803, 5 vol. in-8,
    pap. de Holl. satiné.   90 f.   c.

580 Florus, cum notis Grævii et varior. *Amstel.* 1702, 2 vol. in-8,
    non rognés.   15

581 Eutropius, Sexti Rufi Breviarium. *Parisiis*, 1796, in-18, pap. fin
    de Hollande.   5

582 Sallustius. *Edinburgi*, 1755, in-8, papier fin, portrait par Saint-
    Aubin, br.   20

583 Sallustius. — Cicero et P. Latro in Catilinam. *Parisiis*, 1796, 3
    vol. in-18, pap. vél. avec 3 portraits de Salluste, César, et Cicé-
    ron, par Saint-Aubin, et une très belle grav. d'après Peyron.   12
        Les mêmes, pap. fin de Hollande, fig. avant la lettre, br.   24

584 Guerre de J. César dans les Gaules, avec des notes militaires par
    M. de Pecis, des cartes et plans. *Parme, Bodoni*, 1786, 3 vol.
    in-8, gr. pap.   30

585 Tacitus, cum notis Ryckii. *Lugd. Bat.* 1687, 2 vol. in-8, ch.
    magna, vélin.   72

586 Taciti Annales. *Parmæ, Bodoni*, 1795, 3 vol. in-4.   108

587 Taciti Germania, Agricola. *Parisiis*, 1795, in-18, papier fin de
    Hollande, br.   4   50

588 Dionis Cassii Fragmenta, à J. Morellio nunc primum edita, gr. lat.
    Venetiis, 1798, in-8.   3   50

589 — Eadem. *Parisiis*, 1800, in-fol.   4

590 Histoire Romaine de Rollin, abrégée par Tailhé, 5 vol. in-12, bas. 15

591 L'Homond, de viris illustribus urbis Romæ; stéréotype d'Herhan,
    1805, in-18, rel. en parch.   90
        Le même, avec un petit Dictionnaire, rel. en parch.   1   35

592 Ferguson's History of the Roman republick. *Basil.* 1791, 6 vol.
    in-8, pap. fin, br.   39

593 Gibbon's History of the decline of the Roman empire. *Basil.* 1789,
    14 vol. in-8, pap. fin, br.   90

594 Histoire des Révolutions romaines, par Vertot, 4 vol. — de Suede,
    2 vol. — de Portugal, 1 vol. *Dijon*, 1795-96. Ensemble 7 vol.
    in-8, pap. vél. très bien imprimés, avec un beau portr. par
    Langlois.   48

595 — Les mêmes, en grand papier vélin, le portr. avant la lettre   96

596 Révolutions romaines, séparément, 4 vol. in-8, pap. vél. avec
    le portrait.   33

597 Grandeur et Décadence des Romains, par Montesquieu. *Dijon*,
    1795, 2 vol. in-8, pap. vél. portrait par Saint-Aubin.   8
        Le même livre, 2 vol. in-8, gr. pap. vél.   16

598 Réflexions sur le Génie du peuple romain, par Saint-Évremond.
    Ibid, 1795, in-8, pap. vél. portrait par Saint-Aubin.   4
        Les mêmes, in-8, gr. pap. vél.   8
    C'est le meilleur de tous les ouvrages de Saint-Evremond.
    Les 7 vol. de Vertot, réunis avec les trois de Montesquieu et Saint-Evremond, forment
    une collection historique aussi intéressante que précieuse par son exécution.

HISTOIRE MODERNE.

599 Denina, Rivoluzioni d'Italia. *Torino*, 1769, 3 vol. in-4.   25

600 Conjuration des Espagnols contre Venise. — Conjuration des Grac-
    ques; par Saint-Réal. *Dijon*, 1795, petit in-fol. pap. vél.   60
    Très belle édition, tirée à 65 exempl. numérotés.
        Le même livre, imprimé sur vélin.

601 Conjuration des Espagnols contre Venise. — Conjuration des Grac-
    ques; par Saint-Réal. *Paris*, 1802, in-18, pap. fin, br.   1   35
    in-18, pap. vélin, br.   3

    in-12, papier fin, br.   3 f.   o.
    in-12, papier vélin, br.   4   5o

602 Tableaux historiques des campagnes d'Italie, en 3o grandes gravures
    exécutées d'après les dessins de Carle Vernet, gr. in-fol. pap. vél. 192
    Ce bel ouvrage, momentanément suspendu, est maintenant terminé.

6o3 Histoire des Gaulois, par J. Picot. *Geneve*, 1804, 3 vol in-8, br.   12

6o4 Mably, Observations sur l'Histoire de France. 1788, 4 vol. in-12.   8

6o5 Histoire de France, par Velly, Villaret, et Garnier. *Paris*, 1769,
    3o vol. in-12, bien rel. en veau fauve, fil.   92

606 Mémoires de La Rochefoucauld, publiés sur un manuscrit corrigé de
    sa main, et beaucoup plus ample que toutes les précédentes édi-
    tions, avec les portraits de La Rochefoucauld, Louis XIV enfant,
    Anne d'Autriche, Condé, Turenne, les cardinaux de Mazarin et
    de Retz. *Paris*, 1804, un fort vol. in-18, pap. fin., br.   3
      in-12, pap. fin, br.   5   25
      in-12, pap. vélin, br.   7   5o
      in-12, pap. vélin, portraits avant la lettre.   12

6o7 Souvenirs de madame de Caylus, édition revue pour la premiere
    fois sur le manuscrit original, avec notice et 4 portraits. *Paris*,
    18o6, in-18, pap. fin, br.   3
      in-12, pap. fin, portraits, br.   4   5o
      in-12, pap. vélin, portr. br.   6
      in-12, pap. vélin, portr. avant la lettre.   10
      in-12, pap. vél. avec 13 portr. au lieu de 4.   12
      in-12, pap. vél. avec ces 13 portr. avant la lettre.   27

608 Tombeau des amours de Louis-le-Grand, et ses dernieres galante-
    ries. *Cologne*, 1695, in-12, br. petite piece très rare.   5

6o9 Soulavie, Décadence de la monarchie françoise. *Paris*, 18o3, 3 vol.
    in-8 et un cahier de figures.   18

610 Portraits des principaux membres de l'assemblée constituante, qui
    ont figuré pendant et après cette époque de la Révolution, gravés
    par Fiesinger.

Barnave.	Alex. Lameth.	Pétion.
Barrere.	Ch. Lameth.	Rabaut.
Beauharnois.	La Rochefoucauld.	Rewbell.
Clermont-Tonnerre.	Liancourt.	Robespierre.
Freteau.	Malouet.	Rœderer.
Jessé.	Mirabeau.	Sieyes.
La Fayette.	Montesquiou.	Thouret.

    Chacun, sur papier vélin.   1   20
    — avant la lettre, la Collection, dont il ne reste que quelques ex.   48
    Ces portraits sont connus pour être aussi bien gravés que parfaitement ressemblants.

611 Portraits de Généraux françois, gravés par le même Fiesinger et
    madame Herhan, en grand ovale, in-fol. chacun   5

Andreossi.	Ferino.	Lefevre.
Bernadotte.	Gouvion-Saint-Cyr.	Massena.
Bonaparte.	Kleber.	Sainte-Susanne.
Desaix.	Le Courbe.	

    On peut y ajouter ceux de Mirabeau et de Kosciusko, gravés par les mêmes, aussi in-fol.
    et du même prix.

612 La même collection, gravée par les mêmes, gr. in-8: chacun   1   5o

Andreossi.	Gouvion-Saint-Cyr.	Lefevre.
Bernadotte.	Kleber.	Massena.
Bonaparte.	Le Courbe.	Sainte-Susanne.
Desaix.		

613 Le Moniteur Universel; Gazette françoise officielle, réimprimée à
    Milan sur l'édition in-fol. de Paris; 84 vol. in-8, à 4 fr. chacun.

614 Histoire des Suisses, par Mallet. *Geneve*, 1803, 4 vol. in-8, br. 16 fr. c.

615 Sur la Suisse à la fin du dix-huitieme siecle, par H. Meister. *Lunéville*, (*Zurich*) 1801, in-12. 2 25

616 Notice historique sur Neufchâtel et Vallengin. *Parme, Bodoni*, 1789, in-8. 12

617 Histoire de la maison de Stuard, trad. de l'anglois de Hume. *Paris*, 1778, 6 vol. in-12. 15

618 Recherches sur l'origine des Goths, trad. de l'anglois par Pinkerton. *Paris*, 1804, in-8. 5

619 Storch, Tableaux statistiques et historiques de la Russie. *Bâle*, 1801, 2 vol. in-8 avec cartes. 13 50

620 Bourrit, Descriptions des Cols des Alpes. *Geneve*, 1803, 3 vol. in-8, br. 7

620*Raynal, Histoire politique et philosophique des établissements des Européens dans les deux Indes. *Paris*, 17 vol. in-18, br. 20

ANTIQUITÉS, HISTOIRE NUMISMATIQUE, HISTOIRE LITTÉRAIRE, etc.

621 Pitture antiche, ed altri monumenti antichi di Ercolano. *Napoli, nella regia stamperia*, 1779 et années suivantes, 9 vol. in-fol. demi-reliure. 850
Exemplaire bien complet et d'anciennes épreuves.

622 Osservazioni di Visconti su due Musaici antichi istoriati. *Parma, Bodoni*, 1788, in-8, pap. vélin, fig. 15

623 Recherches sur les costumes, les mœurs, les usages religieux, civils et militaires des anciens peuples, par J. Maillot, avec 300 planches. *Paris, Didot aîné*, 1804, 3 vol. in-4, br. 90

624 Costumes civils et militaires des peuples de l'antiquité, dessinés et gravés par Willemin, avec l'explication, par le même. *Paris*, an 6, 2 vol. in-fol. pap. vélin, avec 180 planches. 270
Ce bel ouvrage est achevé. Le suivant, qui en est une suite naturelle, s'exécute avec les mêmes soins.

625 Monuments françois inédits, etc. dessinés, gravés, et coloriés par Willemin, avec l'explication, par le même. *Paris*, 1806, 2 vol. in-fol. avec 150 planches.
Cet ouvrage est publié par livraisons de 6 planches : il en paroît 5. Chacune est de 12

626 Cointreau, Histoire abrégée du cabinet des médailles et antiques de la Bibliotheque nationale. *Paris*, 1800, in-8, fig. br.

627 Regis Christianissimi aurea Numismata, a Comite de Caylus incisa, in-4°, 70 planches, y compris le portrait du comte de Caylus. 42
Recueil très rare.

628 — Le même, de format petit in-fol. 72

629 Mémoires de l'Institut national de France. *Paris*, an 6 et suiv, 18 vol. in-4, fig. br. en cart. 275

630 J. Morellii Bibliotheca manuscripta. *Venetiis*, 1802, in-8, br. 12

631 Bibliotheque Orientale, par d'Herbelot, avec le Supplément. *Maëstricht*, 1776-80, in-fol. 18

632 Bibliotheque Orientale, par d'Herbelot. *La Haye*, 1781, 4 vol. in-4, cart. 40

633 Analyse des Opinions sur l'origine de l'Imprimerie, par Daunou. *Paris*, 1802, in-8, br. 1 50

634 Recherches sur l'origine de l'Imprimerie, et notamment dans la Belgique, par Lambinet. *Bruxelles*, an 7, in-8, fig. 6

635 Memorie su la Tipografia Parmense del secolo XV, dal P. Ir. Affo. *Parma, Bodoni*, 1791, in-4. 4 50

636 Histoire du Polytypage et du Stéréotypage, par Camus. *Paris*, 1802, in-8, br. 2

637 Dictionnaire raisonné de bibliologie, par Peignot. *Paris*, 1802,
    3 vol. iu-8, br.   18
    Le tome troisieme, qu'on pourroit regarder comme un ouvrage distinct, se vend aussi séparément 6 fr.

938 Panzer, Annales typographici. *Norimbergæ*, 1793-1803, 11 vol.
    in-4.   190 f.   c.

639 — Les mêmes, sur papier fort et collé.   232

640 Dictionnaire bibliographique et critique des livres rares et curieux
    (par Duclos). *Paris*, 1791, 4 vol. in-8, br.   28

641 Dictionnaire des ouvrages qui ont ete brûles, supprimés, ou pour-
    suivis par l'autorité, jusques et non compris le dix-neuvieme
    siecle, par Peignot. *Paris*, 1806, 2 vol. in-8, br.   10

642 Essai de curiosités bibliographiques, par Peignot. *Paris*, 1804,
    iu-8, pap. vélin. *Tiré à 300 exempl.*   9

643 Annales de l'Imprimerie des Alde, ou Histoire des trois Manuce
    et de leurs éditions, par Ant. Aug. Renouard. *Paris* 1803, 2 vol.
    in-8, pap. fin d'Angonlême, avec les portraits des trois Manuce,
    et la copie fidele de leurs marques d'imprimerie, br.   14
        en papier vélin satiné, br.   30

644 Juntarum Typographiæ Annales, auctore A. M. Bandinio. *Lucæ*,
    1791, 2 vol. in-8, br.   9

645 Catalogue des livres de la Bibliotheque de M. R. vendus en nivose
    an 12. *Paris*, 1804, in-8, br.   1   80
        sur pap. vélin : tiré seulement à 10 exempl.   9

646 Galerie historique des illustres Germains, depuis Arminius. *Paris*,
    1806, grand in-fol. pap. vélin, avec 31 belles gravures.   130
    Ce bel ouvrage n'a été tiré qu'à 200 exempl.

647 Plutarchus cum notis et commentariis, græcè, ed. Hutten.
    Tubingæ, Cotta, 1792-1805, 14 vol. in-8.   84

648 Cornelius Nepos, cum ejus fragmentis, Aristomenis vita, et chro-
    nologia Imperatorum Græciæ. *Parisiis*, 1796, 2 vol. in-18, pap.
    vélin, br.   6
        Le même, pap. fin de Hollande.   12
        Le même, grand pap. vélin.   15

649 Cornelius Nepos, stéréotype de Didot. An 7, in-18, pap. vél. br.   2   10
    in-12, pap. vélin, br.   3   15

650 Cornelius Nepos, stéréotype d'Herhan. 1806, in-18, rel. en parch.   90

651 Memorie sulli scrittori Parmigiani, dal P. Ir. Affo. *Parma*,
    Bodoni, 1791, 5 vol. in-4, pap. fin.   60

652 Elogj d'illustri Bolognesi, da F. Belvisi. *Ibid*, 1791, in-4, avec
    portraits.   12

653 Notice sur la vie et les ouvrages de La Fontaine, par Naigeon.
    Paris, 1795, in-8, pap. vél. portrait.   3

654 Notice sur la vie et les ouvrages de Vertot. *Paris*, 1796, in-8, avec
    son portrait, br.   4

655 Nuovo Dizionario istorico, trad. in Italiano, e notabilmente arric-
    chito. *Bassano*, 1796, 22 vol. in-8, br.   75
    Cette excellente édition renferme une foule de notices sur la littérature italienne qu'on chercheroit inutilement dans les autres dictionnaires, et que les éditeurs de la nouvelle édition françoise, en 13 volumes, auroient dû avoir le bon esprit de mettre plus à profit.

656 Galerie historique des hommes les plus célebres de tous les siecles
    et de toutes les nations ; contenant leurs portraits gravés au trait,
    avec l'abrégé de leurs vies, publiée par M. Landon, peintre,
    12 vol. in-12. Chaque volume de 72 planches, et d'environ 216
    pages de texte.   9
        — sur papier vélin.   18
    Cette Galerie sera composée de 864 portraits gravés au trait, et accompagnés d'environ 2400 pages de texte. Il en paroît un demi-volume tous les mois.

On a cru devoir s'abstenir de classer les planches ; les articles sont distribués de manière
à laisser aux acquéreurs la facilité de les classer un jour eux-mêmes dans l'ordre qu'ils
jugeront le plus convenable, soit par nation, soit par rang, état ou profession, soit
enfin par ordre chronologique ou alphabétique. Il y aura une table générale pour les
12 volumes.

LIVRES IMPRIMÉS SUR VÉLIN.

Constitution Françoise de 1793, in-12.

Sagesse de Charron. 1801, 4 vol. in-12.

Essai sur l'Art d'être heureux, par J. Droz. 1806, in-12.

Cicero de Officiis, de Senectute, de Amicitia. 1796, grand in-4.

Carmina Ethica, ex multis auctoribus. 1795, in-12.

Lucani Pharsalia. 1795, grand in-fol.

J. Audoeni Epigrammata. 1794, 2 vol. in-12.

OEuvres de Gessner. *Paris*, 1799, 4 vol. in-8, fig.

Histoire de la Princesse de Montpensier. 1804, in-12, fig.

L'Isle Imaginaire et la Princesse de Paphlagonie. 1805, in-12, fig.

Cinq Nouvelles Helvétiennes. 1805, in-12.

Télémaque, avec Aristonoüs. 1802, 2 vol. in-12, fig.

Petronii Satyricon. 1797, 2 vol. in-12.

Opuscules de Franklin, en anglois et en françois. 1795, in-8.

Observations sur les Sauvages, par Franklin. (1795), in-8.

Taciti Germania, Agricola. 1795, in-18.

Conjuration contre Venise. — Conjuration des Gracques, par Saint-Réal.
1795, in-fol.

Souvenirs de madame de Caylus, in-12, fig.

Précis historique de la Révolution françoise, par Rabaut Saint-Etienne. 1792,
2 vol. in-24.

De la nécessité de conserver les Monuments de la littérature et des arts, par
Ant. Aug. Renouard. 1793, in-8.

Notice sur La Fontaine, par Naigeon. 1795, in-12.

PORTRAITS.

Quoi qu'en puissent dire quelques censeurs trop séveres, ou peu amis des
arts, on aime à rencontrer dans le cours de ses lectures, une estampe représentant le sujet dont on est occupé, et plus encore le portrait du grand homme
dont on lit la vie, de l'habile écrivain dont on étudie les ouvrages, lorsque
cette estampe, ce portrait ne sont point des représentations mensongeres, et
qu'ils réunissent la vérité historique au mérite de l'exécution. C'est ce qui
m'a déterminé à faire graver les estampes et les portraits dont la liste va suivre.
Quelques uns sont déja indiqués dans le cours de ce Catalogue ; mais pour la
satisfaction de ceux qui prennent plaisir à rassembler ce genre d'ornements
littéraires, je crois à propos de les réunir tous ici. Ils peuvent décorer toute
édition déja faite, soit stéréotype ou autre ; et quoiqu'exécutés à grands
frais par les artistes les plus habiles et avec une perfection qu'on ne voit point
dans les gravures destinées aux livres, je les ai fixés aux prix les plus mo-
diques.

657 SOIXANTE-NEUF portraits, par *Augustin* SAINT-AUBIN et autres, pouvant former
collection.

Alfieri.	J. César.	Th. Corneille.
Anne d'Autriche.	Charron.	Crébillon.
Bernis.	Chaulieu.	Delille.
Boileau.	Cicéron.	Demoustier.
Bossuet.	Condé.	Deshoulieres.
Bourdaloue.	P. Corneille.	Diderot.

Fénélon.	La Valliere.	Montespan.
Fléchier.	Le Sage.	Montesquieu.
Fontenelle.	Louis XIV enfant.	Ninon de Lenclos.
Franklin.	Louis XIV.	Pascal.
Gessner.	Mably.	Miss Price.
Le comte de Grammont.	Madame Midleton.	Racine.
Gresset.	Mademoiselle de Montpensier.	Regnard.
Antoine Hamilton.	Maintenon.	Mathurin Regnier.
Mademoiselle Hamilton.	Malherbe.	Le cardinal de Retz.
Henri IV.	Alde Manuce.	Le cardinal de Richelieu.
Homere.	Paul Manuce.	J. B. Rousseau.
Horace.	Marc-Aurele.	J. J. Rousseau.
Huber.	Massillon.	Saint-Evremond.
Miss Jennings.	Le cardinal Mazarin.	Salluste.
La Bruyere.	Metastasio.	Turenne.
La Fontaine.	Moliere.	Virgile.
La Rochefoucauld.	Montaigne.	Voltaire.

Chacun... 1 fr.   c.
La Collection entiere 60
Avant la lettre 2
La Collection entiere......................................120

658 TRENTE-QUATRE portraits d'une plus grande dimension, convenant
à l'in-8 et à l'in-4.

Bacon.	Frédéric II.	Montesquieu.
Boileau.	Henri IV.	Newton.
Bossuet.	Jeanne d'Arc.	Ninon de Lenclos.
Buffon.	La Fontaine.	Pascal.
Catherine II.	La Valliere.	Pierre Ier.
Charles XII.	Le Brun.	Racine.
Condé.	Louis XIV.	J. J. Rousseau.
Colbert.	Louis XV.	Sévigné.
P. Corneille.	Maintenon.	Turenne.
D'Alembert.	Moliere.	Vertot.
Madame du Châtelet.	Montespan.	Voltaire.
Fénélon.		

Chacun 2
La Collection entiere 56

659 SIX portraits en petits médaillons.

Amyot.	Laura.	Phocion.
La Fontaine.	Petrarca.	T. Tasso.

Chacun 75

660 Buffon, par Aug. Saint-Aubin, d'après Sauvage : belle gravure in-4,
propre à décorer les éditions de Buffon de ce format.   3

661 Ariosto, par Ficquet. Epreuves avant la lettre.   6

662 Voltaire, in-4, par Langlois aîné.   4

663 Henri IV, in-4, par Alex. Tardieu.   4
— Le même, avant l'adresse.   8

664 Portraits de députés à l'assemblée constituante, et de généraux
françois, gravés par Fiesinger et madame Herhan. (Voyez dans ce
Catalogue les n° 610, 611, et 612.)

COLLECTIONS D'ESTAMPES.

665 QUATRE estampes in-4 pour Horace, d'après Gravelot.   5

666 **Deux cent quatre** estampes in-8 pour Virgile. C'est le précieux recueil des belles gravures qui décorent la derniere édition du Virgile de Heyne, dont j'ai obtenu quelques épreuves imprimées exprès sur papier blanc, et que je dois à l'amitié et à la complaisance du propriétaire, M. G. Fritsch, de Leipsic.   96 f.   c.

667 **Quinze** *idem* in-8 pour Virgile, gravées à Londres, par Bartolozzi et autres, tirées sur pap. in-4, épreuves ayant la lettre au simple trait.   25.

668 **Dix** *idem* in-8 pour Lucain, d'après **Perrin**, avant la lettre.   12

669 **Treize** *idem* in-4 pour la Henriade, d'après **Moreau** jeune, anciennes épreuves.   24

670 **Sept** *idem* in-12, d'après **Moreau** jeune, pour les œuvres de Gresset, y compris son portrait.   3   60

671 **Quarante-une** *idem* in-4 pour la Gerusalemme Liberata, d'après **Cochin**, épreuves du premier tirage, avant les bordures.   90
—— Les mêmes, avant la lettre.   150

672 **Cinquante-une** *idem* in-8 pour Gessner, d'après **Moreau** jeune.   32
—— Les mêmes, du premier tirage, avant les numéro au haut des planches.   48
—— Les mêmes, avant la lettre.   72

673 **Neuf** *idem* in-12, d'après **Moreau** jeune, pour Psyché et Adonis.   4   50

674 **Vingt-six** *idem* in-12 pour Télémaque, par Simonet, Coiny, etc.   10
—— Les mêmes, avant la lettre.   24

675 **Six** *idem* in-4 pour Emile de J. J. Rousseau, par Choffard, d'après **Cochin**. Avant la lettre.   12
Les planches n'existent plus.

676 **Deux cent douze** estampes in-18 pour Berquin.   30
—— Les mêmes, sur grand papier.   36

677 **Quarante** desdites, pour les Idylles et les Romances de Berquin, in-18.   6   50
—— Les mêmes, sur grand papier.   9

678 **Soixante-dix** planches représentant les Médailles d'or du Cabinet impérial, gravées par le comte de Caylus, sous ce titre : *Regis Christianissimi aurea Numismata*, in-4.   42
—— Les mêmes, en grand papier.   72

---

679 Collection de gravures pour les OEuvres de Voltaire, d'après de nouveaux dessins de Moreau jeune, 146 estampes et portraits.   185
—— Les mêmes, avec un supplément de 21 portraits.   200
—— Avant la lettre, le double de ces prix.

Cette collection de gravures est l'une des plus belles qui aient jamais été exécutées pour aucun livre. Richesse de composition, sagesse et bon goût dans l'ordonnance de toutes ses parties, gravure extrêmement soignée, tout concourt à la perfection de ce magnifique ouvrage. Cette brillante collection trouve naturellement son emploi dans les nombreuses et jolies éditions de Voltaire dites de Beaumarchais, dans celle de M. Palissot; quelques amateurs la font même relier dans le Voltaire stéréotype in-12, pap. vélin, de M. Didot; mais elle est sur-tout destinée au Voltaire stéréotype in-8, dont la Henriade vient d'être publiée.

Réunies aux anciennes gravures faites il y a vingt ans, d'après le même Moreau jeune, celles-ci n'occasionnent aucun double emploi, et présentent au contraire l'assemblage très piquant de deux suites nombreuses de dessins faits par le même artiste pour les mêmes ouvrages, mais dans un style tout-à-fait différent, et dont les derniers ont cette éminente supériorité qui place irrévocablement ce dessinateur au rang des plus grands maîtres.

Le supplément de 21 portraits, que beaucoup d'amateurs se plaisent à y ajouter, représente sur-tout les principaux personnages du siècle de Louis XIV, la plupart gravés par l'habile Augustin Saint-Aubin. Pris séparément, ces portraits coûtent 21 f. 75 c. mais ils sont fournis aux acquéreurs des figures de Voltaire pour la somme modique de 15 f.

Chacune des parties de cette collection se vend aussi séparément, et même par estampes
et portraits détachés, aux prix dont voici le détail.

Théâtre, 45 pieces, y compris le portrait de Voltaire.	60 f.	c.
Henriade, 12 pieces.	15	
Pucelle, 23 pieces.	30	
Contes en vers, 6 pieces.	8	
Romans, 27 pieces.	36	
Les 33 portraits, ensemble.	55	
Chaque estampe, prise séparément.	1	50
Chaque portrait.	2	

TREIZE gravures in-8 pour les OEuvres de J. Racine, d'après de nouveaux dessins de Moreau jeune. 18
   — Avant la lettre. 36
   — Sur pap. de Chine, avant la lettre. 50
   — in-4, avant la lettre, dont il n'existe que six exempl. 50
   — in-4, avec la lettre, tiré à douze exempl. seulement. 30

ESTAMPE pour Virgile, d'après Moreau jeune, par Deghendt.
On la réunit ordinairement dans l'un et l'autre Virgile stéréotype, avec le portrait par
Saint-Aubin. Chacune de ces deux pieces 1
   — Avant la lettre. 2
   — Pour Aminta, d'après Prud'hon, par Roger.
   — Pour Daphnis et Chloé, par les mêmes.
   — Pour Abrocome et Anthia, par les mêmes.
   — Pour Héro et Léandre, d'après Harriet, par Delvaux.
   — Pour Salluste ; Fulvie révélant à Cicéron la conjuration de
      Catilina, par Simonet, d'après Peyron.
   — Pour l'un des deux Salluste stéréotype, avec le portrait.
Chacune de ces 6 estampes, de format petit in-8, est de 1   25
   — Avant la lettre. 2   50
Le Laocoon. Estampe dessinée sur l'original, et gravée avec le plus grand
   soin par Saint-Aubin : de format grand in-8. 1   25
   Avant la lettre. 2   50
Cette belle estampe, exécutée avec perfection, donne, autant que le peut la gravure, une idée exacte du chef-d'œuvre qu'elle représente.

Dans mon Catalogue de l'année 1802, j'ai annoncé qu'après avoir
terminé les gravures que j'avois entreprises pour les OEuvres de
Voltaire, sur de nouveaux dessins de M. Moreau jeune, j'en donnerois de semblables pour les principaux auteurs françois. Ce projet
reçoit maintenant son exécution ; treize gravures in-8, dessinées par
le même Moreau jeune, pour les OEuvres de Racine, viennent
d'être achevées, et sont en vente. Elles seront sous peu de temps
suivies de dix autres maintenant terminées, et qui orneront une
nouvelle et meilleure édition des OEuvres d'Hamilton, sous
presse chez M. Didot l'aîné, en 3 vol. in-8. Sept estampes pour
Boileau sont dessinées ; et successivement seront exécutées par le
même maître et dans le même format, des gravures non moins soignées pour Moliere, Corneille, Crébillon, Regnard, Télémaque,
et Gresset, soit pour orner de nouvelles éditions in-8 faites exprès,
soit pour être vendues séparément, suivant le plus ou moins d'encouragement que les amateurs auront donné à cette brillante entreprise.

L'esprit des Journaux françois et étrangers, par une société de gens de lettres.

Il en paroît au commencement de chaque mois un volume in-12 de 300 pages. Le prix de l'abonnement est, pour un an, de 24 fr. pris à Bruxelles ; 27 fr. à Paris ; 31 fr. 20 c. franc de port pour toute la France ; et 38 fr. 40 c. pour l'étranger.

Ce Recueil littéraire dont le succès est depuis long-temps assuré, a le même but d'utilité que l'excellent journal anglois *Monthly Review* ; et depuis son origine, en 1772, il n'a éprouvé d'autre interruption que celle de six mois dans l'an XII ; et ses rédacteurs redoublent de soins pour le rendre un des plus précieux dépôts de tout ce qui peut intéresser la littérature et les sciences.

Les auteurs ou libraires qui veulent y faire annoncer quelques ouvrages doivent en faire remettre, francs de port, deux exemplaires, soit à Bruxelles, chez Weissenbruch, au bureau général de ce Journal, soit à Paris, chez Ant. Aug. Renouard, libraire, chez lequel il faut s'adresser dans cette ville, pour les abonnements et pour tout ce qui concerne ledit ouvrage.

Paris, le 1er novembre 1806.

Ant. Aug. RENOUARD, *libraire*,
rue Saint-André-des-Arcs, n° 55.